›ewig‹ lesen

Albert Glombek, geboren 1949 in Gürzenich/Düren. Studium der Germanistik, Philosophie, Theologie und Erziehungswissenschaft in Bonn, Regensburg und Düsseldorf. Bis zur Pensionierung Lehrer am Gymnasium. Dozent in der Erwachsenenbildung und an einer Schauspielschule in Köln, Mitglied verschiedener Musikensembles.

Albert Glombek

›ewig‹ lesen

Eine philosophisch-literarische
Spurensuche nach ›Ewigkeit‹

PARODOS

Bibliografische Information der
Deutschen Nationalbibliothek
Die Deutsche Nationalbibliothek verzeichnet diese
Publikation in der Deutschen Nationalbibliografie;
detaillierte bibliografische Daten sind im Internet über
http://d-nb.ddb.de abrufbar.

© Parodos Verlag, Berlin 2018
Alle Rechte vorbehalten

Umschlagfoto: iStockphoto
Druck: Print Group Sp. z o.o., Stettin
Printed in Poland

ISBN 978-3-938880-91-3

www.parodos.de

Inhalt

Mont-kaws Ölbäumchen	7
Nachgestelltes Vorwort	15
Man kann sich selbst nicht „weg"kriegen	20
Schwaches, Schwankendes – Eine Rehabilitation	34
Nur Nacht? – Nur Tag?	45
Komplementäres	55
Lesen ohne Buchstaben	66
Feuer und Tanz	80
Das dem Menschen Angemessene	85
Sich lassen – Sich stellen	95
Unsichtbar sichtbar	120
Sixtina	131
Anhang: Thesaurus christlicher Glaubens- und Frömmigkeitsvorstellungen	136
Literatur	145

Mont-kaws Ölbäumchen

Ich glaube fest daran, dass sie an einem anderen Orte weiterlebt, wo es ihr besser geht, schrieb mir eine Freundin zum Tod ihrer alt und gebrechlich gewordenen Mutter. Meine eigene erste Tochter ist vor vielen Jahren als eben erst Geborene gestorben. Auch mir, ähnlich wie der zitierten Freundin, ist die Vorstellung nicht möglich, es sei mit meinem Kind „nichts", nichts als die Zeit der Schwangerschaft und seine vier Lebenstage auf der Intensivstation: passé, ein Leben eingesaugt ins gänzlich Indifferente, ein Rückfall ins Nicht-Sein.

Nur gelingt mir ebenso wenig die Vorstellung eines anderen Ortes und eines zeitlichen Weiter. – Wo? Als was? – Etwa so, wie die verstorbene Mutter in ihrem letzten Lebensaugenblick war? So, wie sie zu einem früheren Zeitpunkt einmal war? So, wie sie alles in allem war? Wie sie seelisch war? – Was stelle ich mir da eigentlich vor von ihr, von ihrem „Weiterleben"? Ihr Aussehen? Ihren Charakter? Ihre Ausstrahlung? – Nichts davon ist doch etwas Festes, das man als lebendiges „Sie-selbst" im Blick haben könnte. Und was mein verlorenes Kind angeht: Bis in tiefe Tiefen spürbar ist mein Bezug, mein inneres Hinziehen zu ihm und mein Gezogenwerden von ihm (und zwar keineswegs ungeachtet des beträchtlichen Einwands, es handle sich dabei um bloße Projektionen meines Schmerzes und meiner Sehnsucht).

Das aber sollte etwas mit einem Ort zu tun haben, wie immer andersartig er auch sein mag? Das sollte ein „Weiter", ein höheres Neben-her, gleichsam parallel zu meinem Noch-Leben, beinhalten? Und was, wenn ich und die anderen Angehörigen und Freunde schon längst nicht mehr leben? Was tut die tote Mutter, wenn sie nicht mehr – erlöst und liebend, wie meine Freundin sich das wohl dachte, – *auf uns herabgucken* kann?

Worin bestünde das Weiterleben eines früh verstorbenen Säuglings, seine nie entwickelte und nie erkannte persönliche „Physiognomie"? – Es sollte ja ein tiefer wurzelndes, wahres Leben sein: – „ewig".

Nach eingewöhnten Vorstellungen hat diese Ewigkeit einen Start, nämlich den natürlichen Tod. Und „nach hinten hin" scheint sie eher unbestimmt zu verlaufen. Lässt sich so eine Ewigkeit wertschätzen? Lässt sich denken, dass ein ewiges Leben einen Anfang hat (selbst wenn man gar keine weitere Segmentierung in Betracht zieht – etwa im Sinne eines individuellen „himmlischen" Lebens, einer fegefeurigen Läuterungszeit und einer Ewigkeit nach dem Ende der Welt)?

So drängend die Idee einer Fortexistenz der Verstorbenen, die Vorstellung, mit dem Tod nicht einfach am Ende und verschwunden zu sein, die Menschen aller Epochen, Kulturen und Intelligenzgrade zu ihren jeweiligen Ausgestaltungen bestimmt hat, so fraglich kann einem doch die Annahme eines anderen Lebensortes und eines fortgesetzten Lebens nach dem Tod erscheinen. Der bequeme Weg liegt nahe, die Raum-Zeitkategorien für das „ewige Leben" der „Seele" nicht ganz so eng anzulegen. Dadurch rückt es in eine nebulöse Quasi-Zeit – irgendwann startend, eventuell mit einer gewissen Interpunktion, jedenfalls immer weiter in einem Irgendwie. So kann es uns aber kaum faszinieren. Dies empfindet sogar ein junger evangelischer Pfarrer in einem Roman von Dieter Wellershoff, der sich an einen Besuch in der Pathologie erinnert und seine eigene Position reflektiert. *Er war Angestellter einer der größten menschlichen Phantasieleistungen: der Vorstellung einer Auferstehung von den Toten. Obwohl er selbst nicht mehr daran glaubte, wie er sich allmählich eingestanden hatte, war es ihm gelungen, den Trost dieser Phantasie nicht infrage zu stellen und zu ihrem Schutz jeden Versuch einer wörtlichen Zitierung zu umgehen. Viele Menschen verhielten sich vermutlich ebenso, ohne dass ihnen das bewusst wurde. Es war ein Glaube im Ungefähren und für alle Fälle.* (Wellershoff 2009, 80)

Aber selbst wenn man eigentlich gerne an einem „Klein-Mädchen"-Glauben festhalten will, etwa *dass man als seliger Geist dort oben* in Ewigkeit *Rosenduft atmen werde,* stellt sich doch leicht der Verdacht ein, man werde sich dann *sehr bald bis zu dem Grade an ihn gewöhnt haben, dass man ihn überhaupt nicht mehr spüren werde,* und das *könne man, wenn man spotten wolle, von der ganzen Seligkeit sagen* – heißt es in Thomas Manns ›Die Betrogene‹. (Mann 1975 (1), Bd.2, 679)

Viele Texte dieses Autors kann man als Auseinandersetzung mit möglichen Lesarten des Transzendenten auffassen. Mann hat sich lebenslang mit dem Verhältnis Geist-Leben oder Seele-Leiblichkeit auseinandergesetzt und in diesem Zusammenhang einen Ironiebegriff geprägt, der auf die wechselseitige Freisetzung von Sinnlichem und Geistigem hinausläuft. So liegt es nahe, Manns Erzählwerk zu befragen nach Vorstellungshilfen zu dem Eigentümlichen des Menschenlebens und im Hinblick auf einen Begriff des „Ewigen" jenseits eines Kleine-Mädchen-Glaubens, aber auch simpler Negation.

In Manns Roman ›Joseph und seine Brüder‹ steht der altägyptische Jenseits-Kult für einen hohlen, nachgerade lachhaften Begriff fortdauernder Existenz. Der Leichnam eines Reichen wird vor seiner prunkvollen Bestattung *gesalzen und asphaltiert, dauerhaft gemacht für die Ewigkeit mit Wacholderholz, Terpentin, Zedernharz, Styrax und Mastix und gewickelt mit vierhundert Ellen Leinwandbinden.* (Mann 1966, 1362) Auch wenn es nicht um die physische Konservierung eines Verstorbenen geht, sondern – im Bilde der Sphinx – um das rätselhafte Abstraktum der Zukunft, der andauernden Zeit, hat die ägyptische Sichtweise für einen Erben der abrahamitischen Verheißung nichts Belebendes. *Das steingewordene Rätsel dauerte trunken hinaus in die*

Zukunft, doch diese Zukunft war wild und tot, denn eben nur Dauer war sie und falsche Ewigkeit, bar der Gewärtigung. (ebd.,745)

Offensichtlich verknüpft der Erzähler eine lebendige, nicht falsche „Ewigkeit" mit der Gegenwart, das Zeitüberhobene mit der konkreten Lebenszeit, in der dieses gewärtigt wird. *Die Form der Zeitlosigkeit ist das Jetzt und Hier.* (ebd., 31) Mann versucht diese „geheimnis"volle Koinzidenz bildhaft geometrisch zu erläutern. Die Natur dieses Geheimnisses beruht nämlich auf der Tatsache, *dass ihr Wesen nicht das der Strecke, sondern das Wesen der Sphäre ist. Die Strecke hat kein Geheimnis. Das Geheimnis ist in der Sphäre. Diese aber besteht in Ergänzung und Entsprechung, sie ist ein doppelt Halbes, das sich zu Einem schließt.* (ebd., 189f.) Dies passt kaum zu der Vorstellung einer nachgeschalteten Lebenszeit als unendlicher Fortdauer. Beide „Zeiten" – die hiesige und die nachfolgende – liefen dabei ja auf das hinaus, was das Wesen der Zeit ist: einfach nur zu „verstreichen". Joseph, der Romanheld, ist demgegenüber zutiefst davon überzeugt, *dass ein Leben und Geschehen ohne den Echtheitsausweis höherer Wirklichkeit, (...) (das) sich in nichts Himmlischem zu spiegeln und sich darin wiederzuerkennen vermag, überhaupt kein Leben und Geschehen ist.* Manns Roman kann man in diesem Sinne als Versuch lesen, *die Einheit des Doppelten, die Gegenwart dessen, was mitschwingt* (ebd., 581), erzählerisch zu erweisen.

Er thematisiert diese Struktur immer wieder ausdrücklich. *Die Zeit ist das Element der Erzählung, wie sie das Element des Lebens ist,* heißt es in ›Der Zauberberg‹. (Mann (1)1974, 654) In diesem Roman wird eine sonderbar vom „normalen" Leben losgelöste Atmosphäre in einem alpinen Lungensanatorium dargestellt. Viele Patienten verbleiben dort kürzer oder länger wie narkotisiert, bis sie sterben. Die Zeit *vergeht überhaupt nicht für sie, es ist gar keine Zeit, und es ist auch kein Leben,* äußert ein Insasse (ebd., 16), und – angesichts der vielen Todesfälle – ist es noch viel weniger eine Ewigkeit. – Wieder poetologisch gewendet, strebt dieser Roman nämlich *selbst durch seine künstlerischen Mittel die Aufhebung der Zeit an durch den Versuch, der musikalisch-ideellen Gesamtwelt, die es umfasst, in jedem Augenblick volle Präsenz zu verleihen und ein magisches ‚nunc stans' herzustellen.* (ebd., XIV)

„Echtheitsausweis höherer Wirklichkeit", „Gegenwart dessen, was mitschwingt", „volle Präsenz" und „magisches ‚nunc stans'" – lägen darin (im rechten Zusammenhang verstanden) Hilfen zur Vorstellung eines unverwüstlichen Lebens, zur Vorstellung einer „Ewigkeit", die nicht „blind fortdauert"? – *Denn die Dauer ist tot und nur Totes dauert.* (Mann 1966, 1130).

Die hier eingeschlagene Denkrichtung beansprucht nicht, das Verborgene eines geistig-seelischen Lebens über den Tod hinaus in ein klares Licht der Erkenntnis zu heben. Sie erhellt viele zentrale Fragen nicht – z.B. die schon angesprochene: Ein wie geartetes Subjekt erfährt ein „Darüber-hinaus"? Oder – wofern man das „jenseitige" Leben als etwas Gutes erwartet –: Warum gebricht es dann dem „irdischen" Leben an so Vielem, für viele Menschen auf schrecklichste Weise? Allerdings beantwortet z.B. eine traditionell christlich geprägte Annahme eines Weiterlebens im Jenseits diese Frage ebenso wenig: Was von mir und an mir soll „Gott von Angesicht zu Angesicht schauen? (Wobei zu fragen wäre, inwieweit dieses innige Bild erfüllter menschlicher Begegnung und Nähe je konkret „wörtlich" verstanden werden darf in Bezug auf Gott; oder ob das antike Bewusstsein, dass man einem Gott nicht ins Angesicht blicken dürfe, doch einige Weisheit für sich hat.) Und gesetzt selbst, ein Leben nach dem Tod kompensiere erlittenes Leid und Unrecht: Warum wurde es zuvor so Vielen aufgebürdet? Soll man Gott als Zyniker sehen, der erst einmal indifferent bleibt gegen Teufelei, Unrecht, Krankheit, Leiden, Not? – Läge versuchsweise eine Alternative in einer Perspektive, aus der ausgeübte Unmenschlichkeit wie Menschlichkeit immer in „voller Präsenz" das ist, was sie ist und wie sie ist, wie sie sich auch als solche in aller Schärfe „richtet" (und also in einem entscheidenden Kern nicht mit irgendwelchen „äußeren" Faktoren verrechnet werden kann)? In Bezug auf Verbrecherisches, in mythischer Ausdrucksweise, als Gottes Spruch: *Wer (...) beschmiert ist mit eines Menschen Blut, dessen Herz soll an kaltem Entsetzen kranken, und ich will ihn jagen, dass er vor sich selber davonläuft bis ans Ende der Welt.* (Mann 1975 (2), 654) Ein Gesichtspunkt aber zugleich, aus dem auch Mangel, Krankhaftes und Verstümmeltes nicht weniger unverwüstliche Seinskraft hat als bestausgerichtete Spalierpflanzen. Gängigen Normbegriffen entzieht sich nämlich ein Gott wie der, dem Abraham gehuldigt hatte: *Er war nicht das Gute, sondern das Ganze. Und er war heilig! Heilig nicht vor Güte, sondern vor Lebendigkeit und Überlebendigkeit.* (Mann 1966, 430)

Manns Erzählungen könnten Vorstellungshilfen dazu beisteuern, dass das lineare „Durchmessen" einer Lebenszeit nicht das Einzige dieses Lebens ist, dass aber ein Darüber-Hinaus nicht am überzeugendsten als Fortsetzung des bisherigen Lebens mit anderen Vorzeichen gedacht werden muss – gleichsam auf einem endlosen Zeitstrahl als wolkenhaftes Schweben in höheren Regionen. Sondern dass das konkrete „irdische" Leben des Menschen sein eines, einziges Leben ist, in allen Fasern erfüllt; dass es in einer weiteren, höheren Dimension steht; dass es – als zeitlich begrenztes – den „Echtheitsausweis höherer Wirklichkeit" hat. Eine plane, endlose Ewigkeit verdient diesen nicht. *Wo nicht Vergänglichkeit ist, nicht Anfang und Ende, Geburt und Tod, da ist keine Zeit, – und Zeitlosigkeit ist das stehende Nichts, so gut und so schlecht wie dieses, das absolut Uninteressante.* (Mann

1953, 24) Gerade die Endlichkeit setzt ein „Ewiges" frei. Das So-war-es, die „Geschichte" des Lebens, Verhaltens, Erlebens, erweist sich als sein Sinn, sein „Echtes". Damit tröstet Joseph seinen sterbenden Freund Mont-kaw, der sich sorgt, ob er seine früh verstorbene junge Frau wiederhaben werde, sein „Ölbäumchen", dessen er sich zärtlich erinnert: *Alles ist, wie es ist,* sagt Joseph, *und verhält sich aufs allernatürlichste, richtigste, beste, in glücklichster Übereinstimmung mit sich selbst und mit dir. (...) Was ist, das ist, und was war, das wird sein.* (Mann 1966, 1002)

Was „ewig" ist, zu „lesen" bedeutet aus dieser Denkrichtung: die geheimnisvolle Dimension des tatsächlichen Lebens zu realisieren und dieses an-, wahr- und als entscheidend ernst zu nehmen. Ich werde nie jemand anders sein als derjenige, der dieses Leben so gelebt hat, nichts davon ist nichtig. Ein religiöser Glaube könnte diese Intuition betten in die Abgründigkeit eines unfassbar lebendigen, Sein und Leben gebenden Gottes. Dann wären auch die Verstorbenen, mit denen wir in Trauer und Liebe verbunden sind, womöglich nicht in ein wolkiges Jenseits verschoben, sondern, vermöge der Geheimnisnatur der Sphäre, genau als diejenigen, als die sie gelebt haben, eingetaucht in eine nicht minderbare Lebendigkeit und Überlebendigkeit. Ihr Leben wäre – in einer Raum und Zeit umschließenden und unfassbar übersteigenden Dimension – erlebbar und lebend als erweckte Fülle. Dass es die *Vergänglichkeit* sei, *die allem Dasein Wert, Würde und Liebenswürdigkeit verleihe, dass nur das Episodische (...) beseelt (...) sei von Vergänglichkeit* (Mann 1974(2), 279), erhebt ja gerade das sterbliche Leben zum Grund und zur Wirkkraft des „Seelischen" (mit dem man gemeinhin am ehesten „Unsterblichkeit" konnotiert). Das Ereignis des Sterbens aber könnte man damit umschreiben, dass der Nebel sich legt, in dem das Zeitliche defizient erscheint, dass ein Schleier des Ungelebten fällt, dass das, was gelebt ward, freigelassen wird in all das, „was ist".

Dies Alles, so die Halluzination des lebensmüden Thomas Buddenbrook in Manns frühem Roman, *gab seinen Geist frei und hinderte ihn nicht mehr, die stete Ewigkeit zu begreifen. Nichts begann und nichts hörte auf. Es gab nur eine unendliche Gegenwart.* (Mann 1989, 656) Aber in ›Buddenbrooks‹ wird diese Schopenhauerische Ewigkeit unpersönlich gedacht: *Dies ist es, dass ich leben werde! Es wird leben…und dass dieses Es nicht ich bin, das ist nur eine Täuschung, das war ein Irrtum, den der Tod berichtigen wird. (…) Individualität! (…) Ach, was man ist, kann und hat, scheint arm, grau, unzulänglich und langweilig* (ebd.). In Manns späterem Werk dagegen nimmt Joseph dem Mont-kaw die Todesfurcht vor seiner Auflösung: *Zweifeltest du in der Schwere, ob du dein Ölbäumchen finden würdest in drüberen Gefilden? Du wirst lachen über dein Zagen, denn siehe, sie ist bei dir, – und wie sollte sie nicht, da sie dein ist?* (Mann 1966, 1002)

Nachgestelltes Vorwort

Ausgangspunkt und Zielrichtung der folgenden Kapitel sind damit skizziert: Dass nach dem individuellen Tod oder einem kosmischen Desaster („Ende der Welt") die „Zeit" abbricht und etwas ganz Anderem Platz macht, kann ich mir schlechterdings nicht vorstellen – weder dass damit alles in ein schwarzes Loch der Wesenlosigkeit aufgesogen wäre, also alle erfahrbare Wirklichkeit „nichts" wäre; noch dass die „Linie" der persönlichen Lebenszeit oder der weltgeschichtlichen Zeit an eine Endstation käme, von der aus es auf einer Schiene mit anderer Spurweite weiterginge, dann ohne Uhr und ohne Endstation („Leben nach dem Tod", „ewige Seligkeit").

Exspecto (…) vitam venturi saeculi – eine Formulierung aus dem christlichen Glaubensbekenntnis – eröffnet sich mir nicht als sinnvoll, sofern sie naiv „wörtlich" verstanden werden sollte: *Ich erwarte (…) das Leben der kommenden Welt*, oder kürzer: *Ich glaube an das ewige Leben*. Was soll „Leben" bedeuten ohne das, was es in Bezug auf „biologische Lebewesen" (also auch lebende Menschen) bedeutet? Was ist das, was ich glauben soll? Was soll das für ein kommendes saeculum sein, wenn es eben gar kein saeculum, keine Zeitspanne ist? Wenn das die „Ewigkeit" sein soll, wie kann eine Ewigkeit erst noch kommen? – eine Ewigkeit, die noch nicht einmal angefangen hat. Was soll das für eine „Auferstehung der Toten" sein, die zu dem künftigen „Leben" führt? In welchem Zustand sollen Tote sein, nachdem sie auferstanden sind? – Andererseits glaube ich aber, dass sowohl die Welt als auch Menschen „mehr" sind als ein „Dreck", ein bedeutungsloses Konglomerat von irgendetwas – gleich ob dieses „Irgendetwas" als Materie im Sinne des 18. und 19. Jahrhunderts, als Oszillieren zwischen Kleinstteilchen und Wellen, als Energie oder

– aktueller – als „Information" gesehen wird. Dass ein einzelnes Atom ebenso wie alle kosmischen Abgründe bloße Blähungen des ‚Wüsten und Leeren' seien, derlei lässt sich überhaupt nicht denken. Wir können in unserem Denken nicht aus dem Vorstellbaren, Nachvollziehbaren, wie immer „Sinnvoll"-Zusammenhängenden heraus. Dass es aber die Intuition jenes „Mehr" nicht anders als gebunden an neuronale Vorgänge, also an „Materielles", geben kann, diskreditiert ihren Inhalt nicht – so wenig wie der Wert eines Musikerlebnisses dadurch gemindert wird, dass es nur durch Instrumente zustande kommen kann.

Die Erwartung eines *vita venturi saeculi* müsste sich daher eher auf „hinzukommendes Leben" beziehen; „hinzukommen" nicht im Sinne von später kommen, sondern von „zusätzlich eröffnet sein" – „zusätzlich" aus dem Gesichtswinkel dessen, der die Lebensereignisse nur als absolut „platten" Zeitablauf sehen kann oder sehen möchte. Sie müsste sich gleichsam auf eine tiefere, zeitüberhobene Dimension dieses konkreten, in vielerlei Hinsicht begrenzten Lebens beziehen, gegen dessen ephemere Nichtigkeit sie sich damit stellt.

Wer sich in die skizzierten kontradiktorischen Denkrichtungen (dogmatisch religiös vs. antimetaphysisch) hinsichtlich dessen, was es mit unserer (Un-)Endlichkeit auf sich hat, nicht hineinfinden kann, muss nach anderen Redeweisen suchen. Die vorliegenden Kapitel bieten – eher kreisend und umkreisend – entsprechende Vorstellungen aus meist literarischen Texten an, die mir in diesem Zusammenhang aufgefallen sind und auf die ich mir paraphrasierend einen Reim zu machen suche – keine distinkt begrifflichen Erklärungen, keine professionelle Studie, keine geradlinig schlagende Argumentation. – Zwar diskutiert auch die christliche Theologie Konzepte z.B. „präsentischer" (statt futurischer) Eschatologie, auch im Gespräch mit anderen Religionen. Was aber soll das für ein ewigkeitswertiges tatsächliches, jetziges Leben sein, wenn es zugleich mit ungeschmälerter Gesundheit, Wohlstand, Gerechtigkeit, Friede, Glück, Vollendung assoziiert wird? Vermutlich wird man doch mit etwa nur philosphisch-ethischen Überlegungen „dem Leiden der Menschen nicht wirklich gerecht." (Drewermann 2013, 715) Im christlichen Umfeld scheinen eher (nicht nur rückständige) Frömmigkeits- und Lehrtraditionen einer „Ewigkeit" als einem vom jetzigen (Er-)Leben „erlösten" Danach vorherrschend zu sein.

Man kann nur lesend probieren, was diese Textangebote einem bedeuten. So ist der Titel gemeint: Was das (für uns heute) bedeuten mag, wofür es das Wort „ewig" gibt (hier immer nur auf den Menschen bezogen), kann man – vielleicht überhaupt nur – zu „lesen" versuchen. Eine solche Lektüre möchte ich eher mit einem nachdenklichen Ausprobieren und Nachspüren vergleichen als mit dem Studium einer Sachdarstellung. In dieser existenziellen Frage geht es wohl eher um Selbsterfahrung, lebendige Bedeutung „für mich", nicht um zwingende Logik bzw. abschließende objektive Erkenntnisse. Denn diese würden einen Standort voraussetzen, *der dem Bannkreis (unseres) Daseins, wäre es auch nur um ein Winziges, entrückt ist, während doch jede mögliche Erkenntnis (…) selber auch mit der gleichen Entstelltheit und Bedürftigkeit geschlagen ist, der zu entrinnen sie vorhat.* (Adorno 1975, 334)

Ich sehe im Interesse eines eher betrachtenden Zugangs ab von der Einordnung der vorgestellten Zitate in das Gesamtwerk der Autoren, in biographische, historische, geistesgeschichtliche Kontexte etc. Die Orthographie ist öfters behutsam aktualisiert. Zitate sind kursiv gesetzt. – Meinen Geschwistern und meinen Münchener Freunden danke ich herzlich für Zuspruch, Denkanstöße und Korrektur, ebenso meinem Lektor und Verleger für seine kundige und freundliche Betreuung.

Der Streifzug durch die zwischen ewigem und hinfälligem Leben oszillierende Gedankenlandschaft setzt bei einem unauflöslichen Minimum an. Keine noch so rigorose, lebensverzweifelnde, lebensverachtende, lebensbewusste, lebenshungrige Kritik des eigenen Daseins kann Erfolg haben mit einem Feldzug gegen die Erfahrung und Erkenntnis, dass man offenkundig *ist*, dass das Innere pulst, dass der Körper atmet. Man kann sich selbst nicht weg„kriegen". Menschen können einen irreduziblen „Glutpunkt" ihres Lebens weder handelnd noch fühlend noch denkend auslöschen. Dass sie sich aber ggf. aus der Lebensbequemlichkeit herausgerissen und mit diesem eigenen Glutpunkt konfrontiert sehen können, lässt ihnen – zu allen lebensfeindlichen Umständen – möglicherweise das Instabile, Miserable ihrer Existenz deutlich werden. Ein als sehr begrenzt und leidvoll empfundenes „irdisches" Leben eben deshalb als uneigentlich zu betrachten und daraus wiederum ein Wiedergutmachungsversprechen eines „ewigen" Lebens abzuleiten, scheint mir nicht sehr geradlinig gedacht. Eine starre Fokussierung auf das Jämmerliche des Diesseits kann u.U. ähnlich lächerlich wirken wie die Erwartung eines gloriosen Upgrades in einer anderen Welt. Eine zustimmungsfähige „Mitte" liegt wohl in der Einsicht, dass etwas nur lebt und existiert, indem es Grenzen hat, und dass also prinzipieller Protest gegen Bedingtheit nicht heilsam ist („Schwaches, Schwankendes – Eine Rehabilitation"). Andererseits kommt man nicht darum herum, sich damit auseinanderzusetzen, dass Menschen – bewusst oder unbewusst – über ihr unmittelbares Dasein und Sosein hinausgehen. Was bedeutet das? Ich schlage mehrere gedankliche Seitenwege vor, um analogisierend Vorstellungshilfen zu gewinnen. Wenn man z.B. träumt – sind das substanzlose Gespinste? Oder lebt der so Denkende, der Träumende erst wirklich sich selbst? Versuche scheinen lohnenswert, Wachwelt und Traumwelt zusammenzudenken, wodurch das Enge, Bedingte das Ausschließliche verliert und sich eine weitere Dimension eröffnet („Nur Nacht? – Nur Tag?"). Theorien des Traumes können ebenso wenig wie die Logik der modernen Physik inhaltliche Beiträge liefern zur Entscheidung darüber, ob und in welchem Sinne der Mensch Ewigkeitsqualitäten hat. Aber das Nachdenken darüber kann von diesen Seiten „Lockerung" erfahren aus begrifflichen Zwängen, ohne sich dem Vorwurf des Gedankenkitschs auszusetzen („Komplementäres"). Inwieweit die dann folgenden Kapitel, hauptsächlich literarisch inspirierte „Lese-Versuche", diesem Verdikt verfallen oder ob etwa künstlerischer Ausdruck eine lebenserfüllte Seinsqualität berührt, für welche die Religionen auch das Wort „ewig" benutzen, wird der Leser beurteilen.

Die oft artifizielle Sprache, sei es der dichterischen Texte selbst, sei es in enger Korrespondenz dazu, mag ihn befremden – immerhin versucht sie, allzu erwartbaren, aber vielleicht doch verfälschenden Formeln zu entgehen. (Genauso gut aber mag er dem Großen des Lebens in sich auf andere, ganz „einfache" Weise nachspüren, z.B. in seinem Atem. Den hat ihm – der biblischen Erzählung zufolge – der Schöpfer als seine besondere Lebensqualität eingehaucht.)

Ein wesentliches Recht von Leseerfahrungen scheint mir jedenfalls, dass sie nicht allgemeinverbindlich gemacht werden können. Wenn man sich auf unsicherem Boden bewegt, muss man sich u.U. geeignete betretbare Stellen, Planken, Steine zusammensuchen und vor sich legen, um ein Stück weiter zu kommen – gleich, wieso sie da liegen, wozu sie vielleicht gedient haben. So verstehe ich diese Überlegungen. Niemals vorm Einsinken im Unergründlichen sicher zu sein – wenn dies nicht bloß ein romantischer Kick ist –, kann die Wege- und Gehanstrengung womöglich entkrampfen und beflügeln.

Man kann sich selbst nicht weg „kriegen"

In Becketts ›Endspiel‹ erzählt Nagg den Witz von einem Schneider, der auch nach langem Warten und mehrmaliger Beschwerde des Kunden eine in Auftrag gegebene Hose nicht zufriedenstellend angefertigt hat. Bei der letzten Nachfrage sitzt der Hosenschlitz immer noch nicht richtig:

Stimme des Kunden: „Goddam, Sir, nein, das ist wirklich unverschämt, so was! In sechs Tagen, hören Sie, in sechs Tagen hat Gott die Welt erschaffen. Ja, mein Herr, sage und schreibe: die W e l t ! Und Sie, Sie schaffen es nicht, mir in drei Monaten eine Hose zu nähen!" Stimme des Schneiders, entrüstet: „Aber Mylord! Mylord! Sehen Sie sich mal – verächtliche Geste, angeekelt – die Welt an ... Pause ... und sehen Sie da – selbstgefällige Geste, voller Stolz – meine H o s e !" (Beckett 1974, 35)

Die Welt ist in den Augen des Schneiders lächerlich schlecht – vergleichsweise ein Nichts. – Anders als in diesem Fall zeichnet Beckett sonst von der Welt meist schwere und düstere Bilder: Ein „Verrückter", *er malte Bilder*, lebt in einer Anstalt. Ein Freund besucht ihn und will ihm Gutes; davon erzählt er:

Ich nahm ihn an der Hand und zog ihn ans Fenster. Sieh doch mal! Da! Die aufgehende Saat! Und da! Sieh mal! Die Segel der Sardinenboote. All diese Herrlichkeit! Pause *Er riss seine Hand los und kehrte wieder in seine Ecke zurück. Erschüttert. Er hatte nur Asche gesehen.* Pause *Er allein war verschont geblieben.* Pause *Vergessen."* (ebd., 65)

Die Welt ist Asche. Es wird nicht gesagt, dass es zuvor etwas gab, das dann verbrannte. Der Maler hat das Empfinden (oder löst dies bei dem Freunde aus), er sei auf irgendeine Weise am Leben geblieben, *verschont* – aber eben in einem trostlosen Sinne: *allein*, zusammenhanglos, sinnlos, wehrlos. Defekt-Sein, „Krankheit" ist das Substrat des Daseins. *Überlegt euch doch, überlegt euch! Ihr seid auf der Erde. Dagegen gibt es kein Mittel!* (ebd., 97)

Ein kennzeichnender Parameter für diese Bewusstseinsqual ist eine Art inverser, nichtiger „Zeit": *Augenblicke gleich null, immer gleich null und die doch zählen, damit die Rechnung aufgeht und die Geschichte endet.* (ebd., 117) Die „Null" unterläuft die „Rechnung", die „Geschichte", das „Zählen". Aber auch das sind entleerte Worte. Sie lösen nur matte Bedrohungsphantasien aus. Das Stück heißt ›End s p i e l‹:

Schritte! Augen! Der Atem, den man anhält, und dann ... Er atmet ... aus. Dann sprechen, schnell, Wörter, wie das einsame Kind, das sich in mehrere spaltet, in zwei, drei, um beieinander zu sein, und miteinander zu flüstern, in der Nacht. Pause *Ein Augenblick kommt zum anderen, pluff, pluff, wie die Hirsekörnchen des ... er denkt nach ... jenes alten Griechen, und das ganze Leben wartet man darauf, dass ein Leben daraus werde.* (ebd., 99)

Die Haupteigenschaft dieses Bewusstseinszustands ist denn auch gar nicht Entsetzen, womöglich innere Abwehr – wie in einem kindlichen Angsttraum –, sondern eher der gänzliche Mangel überhaupt nur irgendwelcher Qualitäten:

Clov: *Es gibt so viele schreckliche Dinge.*
Hamm: *Nein, nein, es gibt gar nicht mehr so viele.* Pause Clov.
Clov: *Ja.*
Hamm: *Meinst du nicht, dass es lange genug gedauert hat?*
Clov: *Doch!* Pause *Was?*
Hamm: *Dies ... alles.*
Clov: *Seit jeher schon. Pause Du nicht?*
Hamm trübsinnig: *Es ist also ein Tag wie jeder andere.*
Clov: *Solang es dauert.* Pause *Das ganze Leben die gleichen Albernheiten. (inanities) (...)*

Clov: Glaubst du an das zukünftige Leben? *(Do you believe in the life to come?)*
Hamm: Meines ist es immer gewesen. *(Mine was always that.)* (ebd., 71)

„Entsetzlich" ist das Gleichgültige, sind die immer gleichen „inanities". Daraus gibt es kein Entkommen. Auch nur die Halluzination von „Glück" beschränkt sich darauf, beim Versuch einer Verbesserung in „schwärzlichen Staub" zu Boden zu fallen:

Clov: *Ich sage mir ... manchmal, Clov, du musst noch besser leiden lernen, wenn du willst, dass man es satt kriegt, dich zu strafen ... eines Tages. (...) Dann, eines Tages, plötzlich, endet es, ändert es sich, ich verstehe es nicht, stirbt es... oder ich bin es, ich verstehe es nicht, auch das nicht. Ich frage es die Wörter, die übrig bleiben – Schlafen, Wachen, Abend, Morgen. Sie können nichts sagen.* Pause *Ich öffne die Tür der Zelle und gehe. Ich gehe so gebeugt, dass ich nur meine Füße sehe, wenn ich die Augen öffne, und zwischen meinen Beinen ein wenig schwärzlichen Staub. Ich sage mir, dass die Erde erloschen ist, obgleich ich sie nie glühen sah.* Pause *Es geht von selbst.* Pause *Wenn ich falle, werde ich weinen ... vor Glück.* (ebd., 113f.)

Die Projektionsfläche der Sinnlosigkeit ist hier eine paradoxe Zeit, insbesondere in ihrer futurischen Richtung: „ich werde weinen", „eines Tages". Ein Futurum, an das mit ebenso unabweisbarer Inständigkeit „angepocht" wird, auf das mit ebenso versammelter Daseinskraft eingestoßen wird, wie es zugleich als Trug evident ist, wie es die Evidenz des allumfassenden Truges ist:

> *Eines Tages wirst du dir sagen: Ich bin müde, ich setze mich, und du wirst dich setzen. Dann wirst du dir sagen: Ich habe Hunger, ich steh jetzt auf und mach mir zu essen. Aber du wirst nicht auf-*

> *stehen. Du wirst dir sagen: Ich hätte mich nicht setzen sollen, aber da ich mich gesetzt habe, bleib ich noch ein wenig sitzen, dann steh ich auf und mach mir zu essen. Aber du wirst nicht aufstehen und du wirst dir nichts zu essen machen.* Pause *Du wirst die Wand ein wenig betrachten und dann wirst du dir sagen: Ich schließe die Augen und schlafe vielleicht ein wenig, und danach geht's besser, und du wirst sie schließen. Und wenn du sie wieder öffnest, wird keine Wand mehr da sein.* Pause *Die Unendlichkeit der Leere wird dich umgeben, alle auferstandenen Toten aller Zeiten werden sie nicht ausfüllen, du wirst darin wie ein kleiner Kiesel mitten in der Wüste sein.* (ebd., 53f.)

Dass keine Wand mehr da ist, bedeutet keine Veränderung, keine Erweiterung, gar Befreiung, sondern die Einsicht der leeren Unendlichkeit. Es macht die Aussichtslosigkeit allgemein. Es ist die sinnenfällig gewordene wüste Kehrseite einer kollabierenden Fata Morgana.

Umso stärker betrifft diese Zukunftsparadoxie die Transzendenz. Clov fragte Hamm im ›Endspiel‹: *Glaubst du an das zukünftige Leben?* Die Antwort: *Meines ist es immer gewesen.* (s.o.)

Ein intendierbares anderes, kommendes, möglicherweise erlöstes Leben hätte de facto eben dieselben Qualitäten wie das gewesene und das gegenwärtige. So kann es als Spezifikum nur ein sinnloses Intendiert-Sein haben, leer, ohne jegliches weiteres Merkmal. Das gewesene und gegenwärtige Leben aber hat die offenbar untilgbare Eigenschaft des Intendierens, einfacher gesagt, des „Wartens auf ..." – ein unentrinnbarer Zirkel.

Becketts ›Warten auf Godot‹ ist das Drama zweier Figuren, die auf jemanden warten, von dem sie nichts wissen und der nie auftritt. Es ist das Drama der (An-)Spannung dieser beiden Figuren auf ein künftiges

Geschehen, welche aber ergebnislos bleibt. So weist der blinde Pozzo, der plötzlich die Szenerie mit seinem Vasallen Lucky betritt, die Fixierung jener beiden auf das vermeintlich Bevorstehende, überhaupt jede Orientierung an Kategorien zeitlicher Abfolge und Entwicklung barsch zurück – so etwa auch die Frage, seit wann sein Diener stumm sei:

> *Hören Sie endlich auf, mich mit Ihrer verdammten Zeit verrückt zu machen? Es ist unerhört! Wann! Wann! Eines Tages, genügt Ihnen das nicht? Irgendeines Tages ist er stumm geworden, eines Tages bin ich blind geworden, eines Tages werden wir taub, eines Tages wurden wir geboren, eines Tages sterben wir, am selben Tag, im selben Augenblick, genügt Ihnen das nicht?* Bedächtiger *Sie gebären rittlings über dem Grabe, der Tag erglänzt einen Augenblick und dann von neuem die Nacht.* (Beckett 1981, 221)

In einem Modell zeitlicher Indifferenz hat die Anspannung auf ein Erwartetes, die unabweisbare Hoffnung auf eine künftige Veränderung keinen Sinn. So verbinden sich auch in den beiden Protagonisten positive Erwartungsschübe und gänzliche Frustration: Es werde sich nie etwas verändern.

> *Manchmal sag ich mir, es kommt doch noch. Dann fühl ich mich ganz komisch. (...) Wie soll man's sagen? Erleichtert und zugleich (…) zerschmettert.* (ebd., 31)

Als sie jemanden aus der Ferne rufen hören, sind sie (allzu) schnell bereit anzunehmen, das sei endlich der Erwartete. Für sie ist in diesem Augenblick die Zeit nicht zu einem Einerlei nivelliert, sondern sie differenziert sich vermeintlich in unterschiedliche Phasen und Qualitäten. Das leidige „immer gleich" wird retuschiert durch das Erhoffte.

Wladimir: (…) Endlich Verstärkung! (...)

> Estragon: Ist das Godot? (...) Er ruft um Hilfe.
> Wladimir: Wir sind nicht mehr allein und warten auf die Nacht, und warten auf Godot, und warten, und warten. Den ganzen Abend haben wir ganz allein gekämpft. Das ist jetzt vorbei. Es ist schon morgen. (...) Die Zeit verfließt schon ganz anders. Die Sonne geht unter, der Mond geht auf, und wir gehen weg – von hier. *(and we away ... from here.)* (ebd., 191)

Sie täuschen sich. Godot kommt nicht. Tatsächlich bleibt alles trostlos, wie es war.

Es ist eine geometrisch unsinnige Vorstellung, ein Punkt könne Grenzen haben wie ein Raum, jemand könne sich darin befinden und ihn nach allen Grenzen ausloten – d.h., er könne seine Dimensionslosigkeit verifizieren, damit aber auch den Kernbestand dieses Punktes. Der Mensch wäre in diesem Bild zugleich der Punkt, seine Grenzen, der Auslotende, in diesem Sinne der Kernbestand. Man könnte versuchen, mit einer solchen Hilfsvorstellung dem Charakteristischen Beckett'scher Figuren näherzukommen: ihrer extremen Reduktion, die zugleich ihr Glutpunkt ist und darin besteht, sich brennend und schneidend entwicklungsloser Nichtigkeit der Welt und der eigenen Person auszusetzen. *Wieviel dem Stumpfsinn lebendig entrissene Nerven mit dem dazugehörigen Schrecken und dem Feuer im Hirn!*, konstatiert der Protagonist in ›Der Namenlose‹ an sich selbst. (Beckett 2005, 477)

Eine unbeschreibliche Reduktion auf ein nicht thematisiertes „namenloses" Letztes strengt die Ich-Figur in diesem Roman an. In ihrer Zentrierung und Reduktionsanstrengung nimmt sie alles außerhalb ihrer selbst als geltungslos wahr. Dies äußert sich in einer Redeweise des Protagonisten, der die Sprache für einen Irrweg hält, nichtsdestoweniger aber überzeugt ist, Unendliches sagen zu müssen.

Mag sein, dass ich auch diesmal nichts anderes tun werde, als meine Lektion zu suchen, ohne sie aufsagen zu können, wobei ich mich in einer Sprache begleite, die nicht meine ist. Aber anstatt zu sagen, was ich zu Unrecht sagte, was ich nicht mehr sagen werde, was ich vielleicht sagen werde, wenn ich kann, würde ich da nicht besser daran tun, etwas anderes zu sagen, selbst wenn es noch nicht das Richtige ist? Ich werde es versuchen, ich werde es in einer anderen Gegenwart versuchen, selbst wenn es noch nicht die meine ist, ohne Pausen, ohne Tränen, ohne Augen, ohne Gründe. (ebd., 417f.)

Ich habe zu sprechen, ich, der nichts zu sagen hat, nichts als die Worte der anderen. Ich, der nicht sprechen kann, nicht sprechen will, habe zu sprechen. (...) Nichts wird mich jemals davon entbinden können, es gibt nichts, nichts zu entdecken, nichts, das verringern könnte, was zu sagen bleibt, ich habe ein Meer zu trinken, es gibt also ein Meer. (ebd., 428)

Das monologisierende Ich des Romans erscheint wie der vegetierende Rest eines Menschen, ohne oder mit nur verkümmerten Gliedmaßen, mit schadhafter Haut, ständig tränenden Augen, wie in einem Käfig fixiert, gleichsam nur mit Wahrnehmungsspalten zur Außenwelt, ohne Herkunft, Geschichte und Lebensperspektive.

Selbst *das Halseisen, die Fliegen, das Sägemehl unter (seinen) Stümpfen, die Plane auf (seinem) Kopf* fühlt es nur dann, wenn es darüber unterrichtet wird. Die soziale Umwelt suggeriert ihm eine Lebensrealität; die ist für es selbst völlig obsolet:

Sie wollen, dass ich Nackenschmerzen habe, als unwiderlegbaren Beweis für die Belebung, während ich vom Himmel sprechen höre. Sie wollen, dass ich wissend sei, da ich weiß, dass ich Nackenschmerzen habe, dass die Fliegen mich auffressen und dass der Himmel nichts daran ändern kann. (ebd., 482)

Auch eine Selbst-„Definition" durch Anfang und Ende ist ihm nur hypothetisch möglich, und der

Gedanke eines Endes beweist ihm nicht, dass es davor etwas gab, das beendet wird:

Ich muss einen Anfang meines Aufenthalts hier annehmen, sei es auch nur zur Vereinfachung des Berichts. Selbst die Hölle, die doch ewige Hölle besteht seit dem Aufstand Luzifers. Es steht mir also frei, im Lichte dieser fernen Analogie zu glauben, dass ich für immer hier bin, aber nicht seit jeher. (ebd., 403) *Ich (habe) mich schwer in der Annahme getäuscht, der Tod an sich stelle ein Anzeichen oder gar einen Indizienbeweis für ein ihm vorangegangenes Leben dar.* (ebd., 467)

Das Ich ist bemüht, sprachlich indizierbare Werte als bloße einschläfernde Einbildungen abzustreifen und somit der Verführung zu entgehen, in seiner Anstrengung der Selbstreduktion nachzulassen.

Als elende, vergebliche Wörter des elenden, alten Geistes habe ich die Liebe erfunden, die Musik, den Duft der blühenden wilden Johannisbeeren, um mir zu entgehen. Organe, ein Äußeres, das kann man sich leicht einbilden, andere, einen Gott, das ist unvermeidlich, man bildet sie sich ein, das ist leicht, es lindert das Schlimmste, es schläfert ein, einen Augenblick. Ja, Gott, der Ruhestifter, ich habe nicht daran geglaubt, keinen Augenblick. Ich werde auch keine Pausen mehr machen. Kann ich denn nichts von allem bewahren, was meine armen Gedanken getragen, was unter meinen Worten gebeugt, während ich mich verbarg? (ebd., 416)

Genau genommen wäre es sogar verfehlt, überhaupt von einem Ich, von einem innersten synthetisierenden Handlungs- und Rezeptionszentrum zu sprechen: ein falsches Zugeständnis an oberflächliche Konvenienz.

Was geschieht, sind Worte. (...) Glauben Sie, ich glaubte, ich sei es, der spricht? Auch das ist von ihnen. Um mich glauben zu machen, ich hätte ein Ich für mich und ich könnte darüber sprechen, wie sie von ihrem. Es ist schon wieder eine Falle, damit ich plötzlich, zack, mitten unter den Lebenden stecke. (ebd., 471)

> *Ich werde nicht mehr ich sagen, ich werde es nie mehr sagen, es ist zu dumm. (...) Es gibt nur mich, mich, der nicht ist, da wo ich bin. Punktum.* (ebd., 484)

Der Sprecher im Roman arbeitet sich durch quälend endlose, oft kaum verfolgbare Satz- und Wortkolonnen – zu keinem wirklichen Ziel; allenfalls zu der „negativen" Überzeugung, dass es keine mögliche Alternative wäre, aus dem Sprachzwang in einen wohltuenden Traum, in ein Traum-Schweigen zu fallen.

> *Das Schweigen ist nicht ich, das ist alles, was ich weiß, es ist nicht meines, es ist das einzige, das ich gehabt habe, das ist nicht wahr, ich muss das andere gehabt haben, jenes, das währt, es hat jedoch nicht gewährt, ich begreife nicht, das heißt doch, es währt noch immer, ich bin noch immer darin, ich habe mich daringelassen, ich erwarte mich darin, nein, darin wartet man nicht, darin lauscht man nicht, ich weiß nicht, es ist ein Traum, es ist vielleicht ein Traum, es würde mich wundern, ich werde erwachen im Schweigen, nie mehr einschlafen, es wird ich sein, oder weiterträumen, ein Schweigen träumen, ein Traumschweigen, voller Gemurmel, ich weiß nicht, es sind Worte, nie mehr erwachen, es sind Worte, es gibt nichts anderes, man muss weitermachen, das ist alles, was ich weiß, (...) es wird das Schweigen sein, eine kurze Weile, eine ganze Weile, oder es wird meines sein, das währt, das nicht gewährt hat, das immer noch währt, es wird ich sein, man muss weitermachen, ich werde also weitermachen, man muss Worte sagen, solange es welche gibt, man muss sie sagen, bis sie mich finden, bis sie mir sagen, seltsame Mühe, seltsame Sünde, man muss weitermachen, es ist vielleicht schon geschehen, sie haben es mir vielleicht schon gesagt, sie haben mich vielleicht bis an die Schwelle meiner Geschichte getragen, vor die Tür, die sich zu meiner Geschichte öffnet, es würde mich wundern, wenn sie sich öffnete, es wird ich sein, es wird das Schweigen sein, da wo ich bin, ich weiß nicht, ich werde es nie wissen, im Schweigen weiß man nicht, man muss weitermachen, ich werde weitermachen.* (ebd., 565)

Die manisch-selbstzerstörerische Diktion, dieser Akt der Selbstanalyse am Rande der Selbstauflösung bildet einen radikalen Kontrapunkt zu einer Epiphanie, zu einer sich entwickelnden Klarheit, zu einer heilsamen Geschichte.

Aber das *Weitermachen* mit Worten, *solange es welche gibt*, erinnert am Ende nicht mehr nur an die Fron einer Tretmühle. – *Seltsame Mühe, seltsame Sünde*, das klingt sicher nach Strafe; weitermachen, bis die Worte *mich finden*, auch das assoziiert man zunächst nicht mit spontaner Selbstverfügung. Gleichwohl kann man auch in solchen Formulierungen ein äußerstes, jedes Verständnis übersteigendes *Tun,* jenen menschlichen „Glutpunkt" ausmachen.

Ein dermaßen gesteigerter Intensitätsgrad rückhaltlosen Reflektierens dürfte sich nicht vollends auf eine (gereizte, überreizte ?) Manifestation platter Absurdität belaufen. Für das Sprechen-Müssen, für das Worte-finden-Müssen gibt es den Horizont, dass die Worte den Sprecher finden, dass sie dann stimmen, dass sie mit ihm übereinstimmen könnten. Keineswegs entledigt ihn dies der Notwendigkeit, selbst mit dem Sprechen weiterzumachen: mit einem Sprechen, mit Sprechversuchen, die alles Übrige außer eben dem Sprechen ausschließen; die den Sprecher auf das Sprechen, eben auf das „Weitermachen" reduzieren. Eine Spannkraft des Absurden, so kann man es lesen, bezieht sich nicht auf ein Ziel, auf Inhalte, auf Objektiviertes, auf in Worten Denkbares, sondern auf dessen konkrete, präsente „Unterseite" oder „Innenseite". Die Vorstellung aus Becketts ›Endspiel‹, *wie ein kleiner Kiesel mitten in der Wüste (zu) sein* (s.o.), signalisiert Bedeutungslosigkeit, Irrelevanz; darin kann sich aber auch eine besondere Intensität des Daseins artikulieren.

Ein beinamputierter Freund sagt – unter ganz anderen Vorzeichen – zu Mersault, dem kranken Helden in Camus' ›Der glückliche Tod‹:

Ich würde noch Schlimmeres auf mich nehmen, blind zu sein, stumm, alles, was Sie wollen, wofern ich nur in meinem Leib diese düstere glühende Flamme fühle, die mein Ich ist, mein lebendiges Ich. Mersault antwortet etwas später: *Wenn ich Zeit dazu hätte ... Ich brauchte mich nur treiben zu lassen. Alles, was mir darüber hinaus widerführe, nun, es wäre wie Regen auf einen Kieselstein. Der kühlt ihn ab, und das ist schon sehr schön. Ein andermal durchglüht ihn die Sonne. Es ist mir immer so vorgekommen, als sei das gerade das Glück.* (Camus 1972, 38f.)

Auch hier wäre es kaum im Sinne des Autors, lindernde, durchsonnte, verklärende Obertöne herauszuhören, wie er sie im Angebot der Religionen sieht. Diese, sagt er, fordern auf zu *springen*, etwas Anderes, Höheres, über das bloß Vorhandene Hinaus-Gehendes anzuerkennen. Demgegenüber kann er *lediglich antworten, dass er nicht richtig begreift.*

Man versichert ihm, dass das die Sünde des Hochmuts sei – aber er versteht den Begriff der Sünde nicht; dass ihn am Ende vielleicht die Hölle erwartet – aber er hat nicht genug Phantasie, um sich diese sonderbare Zukunft vorzustellen; dass er das ewige Leben verliere – aber das scheint ihm belanglos. (...) So fordert er von sich selbst, nur *mit dem zu leben, was er weiß, sich nur mit dem einzurichten, was ist, und nichts einzuschalten, was nicht gewiss ist. Man gibt ihm zur Antwort, nichts sei gewiss. Aber das ist immerhin eine Gewissheit. Mit ihr hat er es zu tun: er will wissen, ob es möglich ist, unwiderruflich zu leben.* (ebd., 66)

So rückt die Frage der (Lebens-)Zeit, des Lebensendes und eines weiteren Lebens wieder ins Blickfeld. Wie es ja auch bei Becketts „Warten" oder „Weitermachen" gerade nicht um künftige, andere, zusätzliche Erfahrungsqualitäten ging, um eine annullierende Kompensation von gegenwärtigem Mangel – dafür gibt es keine reale Perspektive –, so scheinen auch für einen zum Tode verurteilten Anarchisten in Sartres ›Die Wand‹

Vorleben, denkbare Zukunft, Ewigkeit ausgeblendet, aufgelöst. In umso ausschließlicherem Licht steht in der Nacht vor der Hinrichtung das Jetzt, gerade auch wenn seine Gedanken seine früheren Wunschmotive streifen.

Darüber musste ich lächeln. Mit welcher Gier ich dem Glück, den Frauen, der Freiheit nachlief. Wozu? (…) Ich nahm alles ernst, so als wäre ich unsterblich gewesen.

In diesem Moment hatte ich den Eindruck, als läge mein ganzes Leben ausgebreitet vor mir, und ich dachte: „Das ist eine verdammte Lüge." Es war nichts mehr wert, denn es war zu Ende. Ich fragte mich, wie ich mit Mädchen hatte spazieren gehen, lachen können: ich hätte keinen Finger gekrümmt, wenn ich geahnt hätte, dass ich so sterben würde. Mein Leben war vor mir, abgeschlossen, zugebunden wie ein Sack, und dabei war alles, was darin war, unfertig. (…) Wenn man mir in dem Zustand, in dem ich war, mitgeteilt hätte, dass ich getrost nach Hause gehen könnte, dass man mich am Leben ließe, hätte mich das kalt gelassen: ein paar Stunden oder ein paar Jahre warten, das ist alles gleich, wenn man die Illusion, ewig zu sein, verloren hat. (Sartre 1983, 27ff.)

Sartre schließt mit der Pointe, dass die Ich-Figur aufgrund eines dummen Zufalls doch freigelassen wird. In dieser Nacht aber ist deren Bewusstseinszustand gleichsam invers: einerseits das Gefühl der Nichtswürdigkeit des Gelebten, andererseits ein fast fieberndes Ernstnehmen des Jetzt, eine radikale Zuwendung zum verbleibenden Leben.

Ich fühlte mich zugleich erschöpft und überreizt. Ich wollte nicht mehr an das, was im Morgengrauen geschehen würde, an den Tod denken. Das ergab keinen Sinn, ich stieß nur auf Wörter oder auf Leere. (…) Ich hätte eine Weile schlafen können. (…) Aber ich hatte keine Lust, zwei Stunden Leben zu verlieren. (...) Ich wollte nicht wie ein Tier sterben, ich wollte verstehen. (ebd., 26)

Verstehen wollen, wach sein, das Gegenwärtige für voll nehmen, nichts Anderes im Sinn haben – in diese

Aufgabe wächst auch Mersault (bei Camus) mehr und mehr hinein. Schon früh nimmt er sich vor:

Ich würde kein Experiment aus meinem Dasein machen. Ich selbst würde das Experiment meines Lebens sein. (…) (Ich) habe begriffen, dass Handeln und Lieben und Leiden tatsächlich Leben ist, aber Leben nur, soweit man sein Schicksal in sich einlässt und es hinnimmt als den einzigen Widerschein eines Regenbogens aus Freuden und Leidenschaften, der für alle der gleiche ist. (Camus 1972, 41)

Seine letzten Wochen verbringt Mersault in einem Haus am Meer. Kurz vor seinem Tod ist ihm klar:

Bewusst, das musste man sein, ohne Selbsttäuschung, ohne Feigheit – allein mit seinem Körper – die Augen offen auf den Tod gerichtet. (…) Nichts, keine Liebe und keine schmückende Umgebung, sondern nur eine unendliche Wüste aus Einsamkeit und Glück – hier spielte Mersault seine letzten Karten aus. (ebd., 135)

Jetzt (…) spürte er in seinen klarsichtigen Stunden wenigstens, dass die Zeit ihm gehörte und dass in dem kurzen Abstand, der zwischen dem roten und dem grünen Meer lag, etwas Ewiges in jeder Sekunde sich für ihn abzeichnete. Ebensowenig wie ein unermessliches Glück sah er eine Ewigkeit außerhalb der Kurve der Tage vor sich. Das Glück war menschlich und die Ewigkeit alltäglich. (ebd., 109)

Das hat nichts Apotheotisches. Für Camus kann Glück sogar mit dem Sinnlosen, „Absurden" verbunden sein – wie könnte er sich sonst einen Sisyphos als glücklich vorstellen, der trotz dauernder Anstrengung nie sein Ziel erreicht? Auch Mersault, todkrank, weiß: *Ich kann das Glück nur in Gestalt der zähen, heftigen Konfrontation mit dem genießen, was sein Gegenteil ist.* (ebd., 116)

Mersault (…) fühlte in diesem Augenblick, wie nahe das Glück den Tränen, wie sehr es in jene schweigende innere Erhebung eingefangen ist, in die Hoffnung und

Verzweiflung eines Menschenlebens miteinander vermischt eingewoben sind. Bewusst und dennoch fremd (…) begriff Mersault, (…) dass all sein Bemühen nur noch darauf gerichtet sein würde, mit diesem Glück ins reine zu kommen und sich seiner schrecklichen Wirklichkeit zu stellen. (ebd., 126)

Von der flüchtigen, schöpferischen Poesie des Lebens blieb jetzt nichts mehr übrig als die nackte Wahrheit, das Gegenteil aller Poesie. Jetzt wusste er, welcher von all den Menschen, die er wie jedermann zu Beginn seines Lebens in sich getragen hatte, welches von diesen verschiedenartigen Wesen (…) er selber gewesen war: Und diese Wahl, die im Menschen das Schicksal schafft, hatte er bewusst und beherzt getroffen. Darin lag sein ganzes Glück im Leben und im Tod. Er begriff jetzt, dass vor diesem Tod (…) Furcht zu haben bedeutete Furcht vor dem Leben zu haben. (ebd., 132)

Das Leben zu lieben aber, so souffliert sein Arzt, bedeutet, *auf eine hemmungslose Art da zu sein.* (ebd. 120)

Was solche Erfahrungen und Ausdrucksformen in ihrer schneidenden Radikalität nahelegen, so wenig logisch konsistent sie sind: dass man jenseits begrifflicher Dualismen bzgl. Leben und Tod (z.B. materialistisch: physisches Leben – Zerfall; dogmatisch religiös: Lebenspein – Erlösung in einer verwandelten Zukunft) etwas Genuines, Untilgbares, Seinshaftes *im* gelebten Leben an-denken kann; im Hinblick auf ein „Ewigkeits"verständnis also etwa in der Richtung, dass „Zeit" und „Ewigkeit" ineinander verwoben sind wie Hässliches und Schönes – diesen Vergleich zieht Gottfried Keller im *Grünen Heinrich*.

Schwaches, Schwankendes – Eine Rehabilitation

In seiner ›Italienischen Reise‹ spricht Goethe sich verächtlich aus über Formen christlicher Jenseitsfrömmigkeit, etwa Sarkophage, auf denen kniende Ritter, Bischöfe und Ordensleute verzückt gen Himmel schauen – im Vergleich zu einer antiken Lebensbejahung, wie sie selbst aus Grabskulpturen spricht:

Die Grabmäler sind herzlich und rührend und stellen immer das Leben her. (...) Hier ist kein geharnischter Mann auf Knien, der eine fröhliche Auferstehung erwartet. Der Künstler hat (...) nur die einfache Gegenwart der Menschen hingestellt, ihre Existenz dadurch fortgesetzt und bleibend gemacht. Sie falten nicht die Hände, schauen nicht in den Himmel, sondern sie sind hienieden, was sie waren und was sie sind. (Goethe(1)1982, 42)

Dass aber das konkrete zeitliche Leben unser eigentliches „Element" (Rilke) sein sollte, weisen ganze Epochen und Kulturen weit von sich. Auch viele Einzelmenschen, vielleicht gerade in besonders instabilen Lebensphasen, fühlen sich fremd in ihrem Leben, als ob eigentlich etwas Anderes das ihre sein müsste. Mal sucht man eine Kompensation für das als ungenügend Empfundene im Glauben an ein Jenseits, mal nimmt man heroisch oder abschätzig die offenbar alternativlosen Konstruktionsfehler menschlichen Lebens hin. *Die Welt ist alles, was verpfuscht ist*, höhnt Martin Walser. (Walser 2013, 14) Und weiter:

Die Wirklichkeit ist ein andauernder Attentatsversuch, der schließlich zum Erfolg führt. (ebd., 14)

Interessant, wie lange man stürzt, bis man aufschlägt. Schlimm, dass man den Sturz nicht beschleunigen kann. (ebd., 81)

Meine Tage vergehen von selbst. Ich mische mich nicht ein. Ich bin ein Fleck, der trocknet. Ich werde nicht gewesen sein. (ebd., 85)

Das Leben verschließt jedem den Mund. Am Ende ist jeder still und lässt geschehen, was geschieht, als sei er einverstanden. (ebd., 98) Schließlich:

Das Leben lacht. Mich aus. (ebd., 103)

Das Hadern mit dem Leben, wie es ist, muss sich nicht so apodiktisch artikulieren. Auch Dostojewskis Werk drückt durchweg Leiden und Kritik aus. Aber er verstärkt eher in einem hinnehmenden, untergründig mitleidenden Gestus das „Lächerliche" des Lebens, indem er z.B. in seiner Erählung „Bobok" vom Gestorbensein nur als geradliniger Fortsetzung entstellender Lebensverhältnisse erzählt. Diese spiegeln sich in einem Gespräch kürzlich Beerdigter auf dem Friedhof unverändert wider: dieselbe soziale Staffelung, die gleichen sinnlosen Verhaltensmuster von Egoismus, Selbstmitleid, Hysterie, Gereiztheit, Unterwürfigkeit, Anmaßung usw.:

Der Körper belebt sich hier gewissermaßen noch einmal, die Reste des Lebens konzentrieren sich (…), das Leben soll sich hier gewissermaßen durch Trägheit fortsetzen, erklärt ein Grabinsasse einem Neuzugang. (Dostojewskij o.J.(1), 852)

Was im Leben geschieht, ist – in einer anderen Erzählung – in entscheidenden Punkten bedeutungsloser Zufall. Ein Paarkonflikt bewegt eine junge Frau plötzlich dazu, sich aus dem Fenster zu stürzen, während der Partner für kurze Zeit nicht zu Hause ist. Dieser räsoniert später – durchaus selbstkritisch – ihre verfahrene Geschichte und fühlt sich zerstört davon.

Das Kränkendste liegt ja darin, dass dies alles ein Zufall ist – ein einfacher, barbarischer, elender Zufall. Das ist das Kränkende! Ich bin fünf Minuten zu spät gekommen, nur fünf Minuten! Wäre ich fünf Minuten früher gekommen – und der Augenblick wäre wie eine Wolke vorübergegangen, und später wäre ihr dies niemals wieder in den Sinn gekommen. (Dostojewskij o.J.(2), 906)

Wieder einer anderen Figur Dostojewskis, einem von Jugend an mit Verachtung behandelten *lächerlichen Menschen* ohne jedes Selbstwertgefühl, scheint die Lebensader noch radikaler durchtrennt zu sein.

In meiner Seele (wuchs) ein furchtbarer, zehrender Schmerz (...) wegen eines Umstandes, der unendlich wichtiger war als meine eigene Person: das war meine Überzeugung, dass in der Welt alles gleichgültig sei. (...) Ich fühlte plötzlich, dass es mir gleichgültig war, ob die Welt existiere oder ob überhaupt nichts vorhanden sei. Ich begann mit meinem ganzen Wesen zu hören und zu fühlen, dass nichts um mich sei. (...) Da ärgerten mich plötzlich die Menschen nicht mehr; ich bemerkte sie kaum. (...) Ich ging zum Beispiel auf der Straße und rannte gegen Leute – nicht etwa, weil ich in Gedanken versunken gewesen wäre. Woran hätte ich denn denken sollen? Ich hatte damals ganz aufgehört zu denken, mir war alles gleichgültig. (Dostojewskij o.J.(3), 910)

Setzt man solchem Leiden ein ganz anderes Reich entgegen, in dem die Seele „heil" und das Leben „erfüllt" ist, scheint man ein erträgliches Arrangement gefunden zu haben. Wenn man das Diesseits als „Jammertal", „Leichenhaus" etc. einem himmlischen Jenseits gegenüber sieht, gibt es offenbar die Möglichkeit, das Leid dieser Welt und seine eigene Misere ab- und einzukapseln. Sozial- und geistesgeschichtliche Umstände scheinen z.B. Barockdichter geradezu zu einem Furor der Diskordanz anzutreiben zwischen dem „Ewigen" und „all diesem": *Was ist all dies ... als schlechte Nichtigkeit?*, lautet z.B. Andreas Gryphius' rhetorische Frage. Er sagt der *verfluchten Welt „Ade!"*. Für einen Grabstein textet er aus der Perspektive des Toten: *Mein Wissen, Tun und Lesen, Mein Name, meine Zeit, mein Leben, Ruhm und Stand verschwunden als ein Rauch,* und er moniert: *Noch will, was ewig ist, kein Mensch betrachten.*

(Gryphius 1963, 61). Hier wird durch die Spannung des Unvereinbaren geradezu eine Faszination befeuert (Vergängliches – Ewiges; verschwunden – in Stein gemeißelt; allgemeine Ignoranz – eigene Mahnung); und eben auch durch den Widerspruch zwischen behaupteter Hinfälligkeit der Welt und verbaler Diesseits„völlerei". Walter Benjamin spricht von einem barock-typischen *Mechanismus, der alles Erdgeborene häuft und exaltiert, bevor er es dem Ende überliefert.* (Benjamin 1972, 56)

Je einschneidender der Hiatus zwischen Himmel und Erde gedacht wurde, desto eher konnte daraus immer wieder gefolgert werden, dass der jetzige konkrete Schmerz letztlich unerheblich sei. (Damit verwandt: Je glorioser ein Reich der Gerechtigkeit und Freiheit in den Verheißungen erscheint, desto eher wird der Revolution ein gnadenloses Vorgehen zugestanden. Und in extremen Ausprägungsformen vielleicht sogar: je überzogener die Ansprüche psychischer „Gesundheit", desto vereinnahmender das Therapiekonzept.) Mit externer Sinngebung wird dabei das konkrete Leben entwertet. Vielleicht wird es auch nur oberflächlich wahrgenommen.

Die Frage stellt sich, ob durch diese Entwertung des Lebens, wie es eben ist, nicht in Wahrheit das avisierte mängelfreie Leben „danach" zutiefst diskreditiert wird; ob nicht ein Himmel der Glückseligkeit ungezählte Leichen im Keller hätte; und ob also eine „Erlösung vom Bösen" – statt in einem Stockwerkwechsel – nicht eher in einer inneren Freisetzung unseres tatsächlichen, keineswegs vorwiegend glückgeschwängerten Lebens gesucht werden müsste – in Richtung des Unermesslichen, Großen der Wirklichkeit.

Dass klare rationale Bestimmungen nicht daran reichen, muss kein Dementi bedeuten. So tönt es bei Dostojewskij *aus dem Kellerloch:*

Sehen Sie, der Verstand, meine Herrschaften, ist eine gute Sache, aber der Verstand ist nur der Verstand und genügt nur den Verstandeskräften des Menschen, das Wollen aber ist ein Ausfluss des ganzen Lebens, das heißt des ganzen menschlichen Lebens, den Verstand und alles „Sich-hinter-den-Ohren-Kratzen" mit einbegriffen. Und obwohl unser Leben in dieser seiner Äußerung öfters als ein Quark erscheint, so ist es dennoch Leben, nicht nur das Ziehen von Quadratwurzeln. (Dostojewskij o.J. (4), 544)

Vielleicht besteht das ganze Ziel auf Erden, nach welchem der Mensch strebt, nur in diesem ununterbrochenen Vorgang der Erreichung, mit anderen Worten – in dem Leben selbst, aber nicht in dem Ziel an sich, das selbstverständlich nichts anderes sein darf, als zweimal zwei ist vier, das heißt eine Formel; aber zweimal zwei ist vier – das ist ja nicht mehr Leben, (...) sondern der Anfang des Todes. (ebd., 549)

Das ganze menschliche Tun und Treiben (scheint) nur darin zu bestehen, dass der Mensch sich jeden Augenblick selbst beweist, dass er ein Mensch und kein Stiftchen ist. (ebd., 547) Wobei mit *Stiftchen* nur ein kleiner Bestandteil einer Maschinerie, mit „Menschsein", mit *das Leben selbst* aber keineswegs eine Überhöhung gemeint ist. Vielmehr gehört dazu, sich hinter den Ohren zu kratzen. *Das Alltägliche ist das Ewige,* heißt es bei Martin Walser. (Walser 2013, 58) Mag das immer wieder auch lächerlich sein, „klein", so neigen Auskünfte über ein höheres, „ewiges Leben" gelegentlich erst recht zum Dämlichen:

Mit der Ewigkeit, o da kenn ich mich aus. (...) Sobald man zu schnaufen aufhört, fängt es im Ohr zu summen an, so ungefähr wie die Dreschmaschine summt oder ein unsichtbarer Bienenschwarm. (…) Irgendwo ist eine große Uhr, so groß wie die halbe Welt, die darf niemand aufziehn als der liebe Gott, und das tut er nur alle paar Millionen Jahre. Sehen kann man sie natürlich nicht; aber wie der Sekundenzeiger geht, so hört man ins Gesumm hinein unaufhörlich zwei Worte: Immer – nimmer –

immer – nimmer – immer – nimmer, das geht Millionen Jahre so fort ... (Carossa 1985, 43)

Viele Figuren bei Dostojewskij können dem Leser nicht vorbildhaft zur Lebensorientierung dienen; zu sehr liegen sie mit sich selbst und dem Leben quer (dem jetzigen wie dem „künftigen"). Jedoch: Ganz allgemein heißt „Erzählen" ja schon, auch Kleines, Unerhebliches, Desorientiertes *interessant zu machen*, insofern wichtig, bedeutsam. (Mann 1976, 371) (Vielleicht kann es einen das Leben ganz und gar entwertenden Roman gar nicht geben.) Insbesondere aber leiden Dostojewskijs oft deutlich angeschlagene Figuren selbstquälerisch an ihrer Misere und setzen sich mit ihrem Sinn auseinander. *Das Leben ist Schmerz, das Leben ist Angst, und der Mensch ist unglücklich*, diagnostiziert Bauingenieur Kirillow in den ›Dämonen‹ – er propagiert im Weiteren, sich durch Selbstmord zu unumschränkter göttlicher Freiheit emporzuschießen. *Jetzt*, meint er, *ist alles Schmerz und Angst. Jetzt liebt der Mensch das Leben, weil er Schmerz und Angst liebt.* (Dostojewski 1977, 134) In anderem Zusammenhang aber apostrophiert Dostojewskij dies gar nicht als vorläufigen Übergangszustand. Der Mensch erstrebe gar nicht einzig und allein „vernünftige" Ziele, das „Normale", das „Positive", die „Glückseligkeit".

Vielleicht liebt er das Leiden in demselben Maß? (…) Der Mensch liebt das Leiden zuweilen außerordentlich – bis zur Leidenschaft. (…) Das Leiden ist ja die einzige Ursache des Bewusstseins, dieses wiederum *ist das größte Unglück für den Menschen (…), aber ich weiß auch, dass der Mensch es liebt und es um keine Befriedigung hingeben würde.* (Dostojewskij o.J.(4), 550)

In der zitierten Erzählung hat der abstoßende Held eine – ihn mittlerweile liebende – labile junge Frau aus einem Vergnügungslokal bewusst zutiefst gedemütigt und moralisch vernichtet. Allen Ernstes kultiviert er den Gedanken, sie damit „gereinigt" und „erhöht" zu haben – um gleichzeitig von brennendem Schuldgefühl gequält zu werden:

Was ist besser – ein wohlfeiles Glück oder erhöhtes Leiden? (…) Das ging mir durch den Sinn, als ich an jenem Abend zu Hause saß und vor Seelenschmerz kaum noch lebte. Noch niemals hatte ich so viel Leiden und Reue durchlebt. (…) Ich füge noch hinzu, dass ich lange Zeit von der Phrase über den Nutzen der Kränkung und des Hasses befriedigt war, obwohl ich damals vor Kummer beinahe selber erkrankte. (ebd., 637)

Dem Leiden, hier insbesondere an der unsäglichen eigenen moralischen Erbärmlichkeit, wird kein Kontrastbild eines erlösten Daseins auch nur perspektivisch gegenübergestellt. Dostojewskij scheint die Zerrissenheit erzählerisch geradezu auszukosten, wenn er seine Ich-Figur ausdrücklich betonen lässt, dass sie es doch *weiß Gott nicht interessant findet, wenn (sie) zum Beispiel lange Novellen erzähl(t) darüber, wie (sie) (ihr) ganzes Leben lang wegen (ihrer) sittlichen Verderbnis, (…) wegen der Entwöhnung von allem Lebenden und der ausgeklügelten Bosheit im Kellerloch im Winkel verdämmerte.* (ebd.)

Besonders „problematischen" Autoren-Persönlichkeiten scheint eine solche Sichtweise vertraut. Kleist resümiert sein unglückliches Leben mit der Feststellung: *Die Wahrheit ist, dass mir auf Erden nicht zu helfen war.* (Kleist 1977, 402). Damit spekuliert er aber keineswegs auf ein besseres Jenseits: *O über den Irrtum, der die Menschen um zwei Leben betrügt, der sie selbst nach dem Tode noch äfft!* (ebd., 228) Er erwartet kein Leben nach dem Tod. Vielmehr interpretiert er den Leidensgesichtspunkt um, so dass er auch in einem höheren Lächeln aufgehen kann:

Nur darum ist dies Gewimmel von Erscheinungen angeordnet, damit der Mensch an keiner hafte. Es kann kein böser Geist sein, der an der Spitze der Welt steht: es ist ein bloß unbegriffener! Lächeln wir nicht auch, wenn Kinder weinen? (ebd., 300)

Den Gedanken, dass das Zu-Grunde-Gehende, Fallende im Ganzen eine großartige, tragende Form annehmen kann, und zwar als offensichtliches physikalisches Faktum, hat Kleist in seiner bekannten Assoziation zum „gewölbten Tor" in Würzburg zum Ausdruck gebracht:

Warum, dachte ich, sinkt wohl das Gewölbe nicht ein, da es doch keine Stütze hat? Es steht, antwortete ich, weil alle Steine auf einmal einstürzen wollen – und ich zog aus diesem Gedanken einen unbeschreiblich erquickenden Trost. (ebd., 134)

Auch ohne tragischen Hintergrund und unter weniger monumentalen Assoziationen kann eine derartige Denk- und Erlebensweise, welche innere Spannung als etwas Weiterführendes akzeptiert (Lächeln – Weinen; Stehen – Einstürzen), fixierte Positionierungen eher vermeiden: etwa eine verbitterte oder heroische oder auftrumpfende Abwertung des Lebens in seiner Hinfälligkeit; aber ebenso eine kaum ohne Selbstbetrug mögliche Sicherheit bezüglich einer nach dem Tode fortdauernden Existenz. In einer solchen Auffassungsweise will man sich kein festes *Bild machen*, sondern sich in der *Schwebe des Lebendigen* halten, die wie in der Liebe so auch im ganzen Leben *das Erregende, Abenteuerliche, das eigentlich Spannende* ist. (Frisch 1976, 31) Ein Leben, das man genau kennt, eine „sichere" Zukunft, *mit dem Wissen, wie es weiter geht: ohne Neugierde, wie es weiter geht, ohne die blinde Erwartung, ohne die Ungewissheit, die alles erträglich macht – Es wäre die Hölle.* (Frisch 1981, 113) Max Frisch bringt immer wieder zum Ausdruck, dass die (endliche) Zeit überhaupt das Medium sei, das uns „entfaltet":

Sie ist *ein Zaubermittel, das unser Wesen auseinanderzieht und sichtbar macht, indem sie das Leben, das eine Allgegenwart alles Möglichen ist, in ein Nacheinan-*

der zerlegt, (...) ein Ineinander, (...) ein Zugleich, das wir allerdings als solches nicht wahrnehmen können, so wenig wie die Farben des Lichts, wenn sein Strahl nicht gebrochen und zerlegt ist. (Frisch 1976, 22)

Wenn „wir" selbst es nun sind, die von der Zeit entfaltet werden, wenn es „Leben" ist, was sich in der zeitlichen Begrenzung ereignet, dann kann sich diese (Lebens-)Geschichte nicht auf die bloße Abfolge gleichartiger abstrakter Einheiten (Sekunden, Minuten ...) beschränken. In Frischs Roman ›Homo faber‹ wirft eine Mutter genau ein solches reduziertes, mathematisches Zeitverständnis dem Vater ihrer Tochter, Walter Faber, vor, von dem sie sich noch vor der Geburt getrennt hatte und der, ohne die wahren Umstände zu kennen, eine sexuelle Beziehung mit seiner erwachsenen Tochter angefangen hat. Als „nüchterner" Techniker verfehle er zu leben:

Du behandelst das Leben nicht als Gestalt, sondern als bloße Addition, daher kein Verhältnis zur Zeit, weil kein Verhältnis zum Tod. Leben sei Gestalt in der Zeit. (…) Wir können nicht das Alter aufheben, indem wir weiter addieren, indem wir unsere eigenen Kinder heiraten. (Frisch 1977, 170)

Das Plastische, Gestalthafte, das Endliche, nicht abstrakt Fortsetzbare des Lebens erfährt Faber dann jedoch fast überschwänglich in Momenten vor seinem Tod, der alle Iteration und Duration abbricht:

Auf der Welt sein: im Licht sein. (…) Vor allem: standhalten dem Licht, der Freude (…) im Wissen, dass ich erlösche im Licht (…), standhalten der Zeit, beziehungsweise Ewigkeit im Augenblick. Ewig sein: gewesen sein. (ebd., 199)

Wenn also *die Zeit nur scheinbar ist, ein bloßer Behelf für unsere Vorstellung, die in ein Nacheinander zerlegt, was wesentlich eine Allgegenwart ist (…), warum erschrickt man über jedem Sichtbarwerden der Zeit? Als wäre der Tod eine Sache der Zeit.* (Frisch 1976, 172)

Ewigkeitsbewusstsein und Vergänglichkeitsbewusstsein gehören aufs Engste zusammen. Frisch unterscheidet *Zeit (was die Uhren zeigen) von Vergängnis, d.h. von unserem Erleben davon, dass unserm Dasein stets ein anderes gegenübersteht, ein Nichtsein, das wir als Tod bezeichnen.*

Ein Tier *trägt den Tod als zeitloses Ganzes, eben als Allgegenwart: wir leben und sterben jeden Augenblick, beides zugleich, nur dass das Leben geringer ist als das andere, seltener, und da wir nur leben können, indem wir zugleich sterben, verbrauchen wir es, wie eine Sonne ihre Glut verbraucht; wir spüren dieses immerwährende Gefälle zum Nichtsein, und darum denken wir an Tod, wo immer wir ein Gefälle sehen, das uns zum Vergleich wird für das Unvorstellbare, irgendein sichtbares Gefälle von Zeit: ein Ziehen der Wolken, ein fallendes Laub, ein Wachsen der Bäume, ein gleitendes Ufer. (...) Es gibt kein Leben ohne Angst vor dem andern; schon weil es ohne Angst, die unsere Tiefe ist, kein Leben gibt: erst aus dem Nichtsein, das wir ahnen, begreifen wir für Augenblicke, dass wir leben. Man freut sich seiner Muskeln, man freut sich, dass man gehen kann, man freut sich des Lichtes, das sich in unserm dunklen Auge spiegelt. (...) Ohne dieses spiegelnde Wachsein, das nur aus der Angst möglich ist, wären wir verloren; wir wären nie gewesen ...* (Frisch 1976, 179)

Das ist nicht als melancholische Diskreditierung des Lebens gemeint. In einem szenischen Bild aus Frischs ›Triptychon‹ kommt es anlässlich einer Beerdigung zu diesem Wortwechsel:

„Auch wenn die Vorstellung eines ewigen Lebens der Person unhaltbar ist, die Mystifikation besteht darin, dass der Tod letztlich die Wahrheit über unser Leben ist: Wir leben – endgültig."
„Und was heißt das?"
„Es gilt, was wir leben. Ich meine: die einzelnen Ereignisse unseres Lebens, jedes an seinem Platz in der

Zeit, verändern sich nicht. Das ist ihre Ewigkeit."
(Frisch 1995, 733)

Nur Nacht ? – Nur Tag ?

Die Ambivalenz von Hinfälligkeit und Wertsteigerung prägt auch die sehr verschiedenen Anschauungen des „Traums", wobei einzelne Epochen bzw. Autoren eine Seite dieser Ambivalenz stärker akzentuieren. Eine Synopse der verschiedenen Sichtweisen würde eine merkwürdige Verschränkung zeigen.

Zunächst kann man auf das „Wirklichkeits"-Defizit des „nur" Geträumten (dem „richtigen Leben" gegenüber) abheben wie umgekehrt auf die unvergleichliche Dichte und Fülle des Traum-Erlebens im Vergleich zu einem flachen, entfremdeten Tagein-Tagaus. Dem „realen Leben" wird in dieser zweiten Lesart ein „Lebendigkeits"-Defizit, ein Seelen-Mangel attestiert.

Wenn nun aber die reale Lebenszeit selbst als Traum vorgestellt wird, bei Pindar gar nur „eines Schattens Traum" (8. Pythische Ode, V. 95), beinhaltet dies einen Gegenbegriff, eine Ebene des Menschenlebens, die sich von der notorischen Lebenswirklichkeit unterscheidet. Die andere „Realität" könnte z.B. ein Nirwana sein, ein wesenloser Zustand, der gleichsam Blasen wirft: unser Erdenleben. Das Nichts träumt sich nach dieser Lesart – aus unerklärlichen Gründen – gerade so ins Erdenleben, wie sich ein Mensch aus irgendwelchen Mangelzuständen in Traumwelten träumt.

Oder aber das zeitweilige Erdenleben, in gewissem Sinne als ein illusionärer „Traum", kontrastiert mit einer wirklichkeitsintensiveren Seinsweise und löst sich mit dem Sterben in diese Seinsweise auf: so wie man, vom Schlaf erwacht, wieder bei Licht mit der „tatsächlichen" Welt zu tun hat. Das „diesseitige" Leben (nur ein Traum) hätte dann ein Wirklichkeitsdefizit und wäre durch den Tod geöffnet zu einer Lebensfülle, zu einer „Freude, die kein Aug' je gespürt, kein Ohr je gehört" hat. Viele Religionen versuchen gerade dies sprachlich fasslich zu machen. Dabei wird dem trügerischen und „irrealen" Diesseits eine Erlösung im Abstreifen des irdischen Lebens gegenübergestellt. Aber Träume sind ja – wie Märchen, Mythen, Kunst – nicht etwas vom Leben, etwas von pulsierender Lebendigkeit Entferntes. In ihnen drückt sich bis in Herzschlag, Muskelanspannung und Atembeklemmung leibhaftig aus, was mit dem Träumenden „ist".

Die Bedeutungsvarianten von Traum und Wirklichkeit überlagern sich offenbar. Und man könnte das Menschenleben (wie einen Traum) auch zu deuten versuchen als leibhaftigen, aber nicht umfassend durchschauten Ausdruck dessen, „was mit dem Menschen ist". Für den Träumenden ist es erlösend, Blickwinkel zu finden, die Wahrheit seines Traums zu realisieren.

›Das Leben – ein Traum‹: Mit diesem Dramentitel weist der Dichter Calderón de la Barca das Leben als etwas Flüchtiges, Unsolides, sich insgesamt und im Einzelnen immer wieder Auflösendes aus. Es gleicht Hirngespinsten, die nach dem Aufwachen in einem ewigen Tageslicht keinen Bestand mehr haben und sich bestenfalls als Zerrbilder des Wirklichen, Wahren erweisen. Das kann trösten: Wenn es ein schlechtes Leben war, war es eben nur ein schlechter Traum, den man bei wachem Bewusstsein von sich abstreifen kann. Aber auch schöne Träume sind dann substanzlos. Auch geträumte Liebe, geträumte Schönheit, geträumtes Glück sind dann nur Träume; im Bilde: Irdisches Glück ist nur ein Traum. – Wieso soll es erlösend sein, wenn Glück – das es doch wahrscheinlich in jedem Leben (auch) gibt –, mit dem Tode seine Wirklichkeit verliert? „Leben" wird ja gelegentlich gerade als Inbegriff allen „Glücks" bezeichnet.

J.G. Herder deutet einen Denkfehler solcher Vorstellungen an:

Ein Traum ist unser Leben
auf Erden hier.

*Wie Schatten auf den Wogen schweben
und schwinden wir,
und messen uns're trägen Tritte
nach Raum und Zeit;
und sind (und wissen's nicht) in Mitte
der Ewigkeit.* (Herder, 2017)

Damit wird die naive Entgegensetzung von Traum und Wirklichkeit, auch die Trennung von Zeit und Ewigkeit aufgehoben. Die Ewigkeit wird in die Zeit bzw. die Zeit in die Ewigkeit eingelassen. Herders Gedichtstrophe lebt von ihrem Irritationspotenzial. Schweben wir wie Schatten auf Wogen oder messen wir unsere trägen Tritte auf Erden? Wenn wir nicht wissen, dass wir in Mitte der Ewigkeit sind, wieso können wir es sagen? Wenn wir „in Mitte der Ewigkeit" sind, wieso ist unser Leben dann ein Traum- und Schattenwandeln?

Der Traum hat das Potenzial, dem Menschen Wichtiges über seine Wirklichkeit zu sagen.

Das Leben selbst hat das Potenzial, dem Lebenden seine Existenz tiefer zu erschließen.

So wandelt sich die Bedeutung von Traum (als Auflösung und Entfernung vom tatsächlichen Leben) zu Konzentration und Nähe.

Der Nucleus vieler Texte von Heinrich von Kleist liegt in der gedrehten Wertigkeit von offen-planer Realität und Traumwelt. In seinem „historischen Ritterschauspiel" ›Das Käthchen von Heilbronn‹ ist eine vermeintliche Handwerkerstochter aufgrund eines Traumgesichts unbeirrbar davon überzeugt, dass ein ihr unbekannter Adliger, Graf Wetter vom Strahl, ihr einzig Geliebter und Ehemann sein werde. Als sie ihm zufällig in der Werkstatt ihres Vaters begegnet, *(stürzt sie) leichenbleich, mit Händen, wie zur Anbetung verschränkt, den Boden mit Brust und Scheiteln küssend, (…) vor ihm nieder.* Als er sich verabschiedet und sie ihm vom oberen Stockwerk aus nachschaut, *schmeißt sich das Mädchen, in dem Augenblick, da er den Streithengst besteigt, dreißig Fuß hoch, mit aufgehobenen Händen, auf das Pflaster der Straße nieder: gleich einer Verlorenen, die ihrer fünf Sinne beraubt ist! Und bricht sich beide Lenden, (...) beide zarte Lendchen, dicht über des Knieunds elfenbeinernem Bau.* Ihr (vermeintlicher) Vater erzählt: *Und ich, alter, bejammernswürdiger Narr, der mein versinkendes Leben auf sie stützen wollte, muss sie, auf meinen Schultern, wie zu Grabe tragen.* Eine innere Schwerkraft in Käthchen verdreht alle äußeren Verhältnisse. Sie liegt nun *auf dem Totenbett, in der Glut des hitzigen Fiebers, sechs endlose Wochen, ohne sich zu regen. Keinen Laut bringt sie hervor; auch nicht der Wahnsinn, dieser Dietrich aller Herzen, eröffnet das ihrige; kein Mensch vermag das Geheimnis, das in ihr waltet, ihr zu entlocken. Und prüft, da sie sich ein wenig erholt hat, den Schritt, und schnürt ihr Bündel, und tritt, beim Strahl der Morgensonne, in die Tür: „wohin?" fragt sie die Magd; „zum Grafen Wetter von Strahl", antwortet sie, und verschwindet.* (Kleist o.J., 584f.) Käthchen folgt ihm nun unentwegt überallhin, obwohl er sie mehrfach – sogar gewaltsam – zu vertreiben versucht. Für ihren Vater ist die unwillkürliche, unwiderstehliche Anziehungskraft, die seine Tochter beherrscht, so realitätsunangemessen und irrational, dass er darin nur Teufelswerk sehen kann und den Grafen verklagt, der *die Natur, in dem reinsten Herzen, das je geschaffen ward, dergestalt umgekehrt* habe. (ebd., 588) Auch Käthchen kann vor Gericht nicht beantworten, selbst ihrem (halbbewusst) Geliebten nicht, was sie *aus (ihres) Vaters Hause trieb* und an seine Schritte *anfesselt.* (ebd., 592) Um einiges später jedoch und frei von gerichtlichen Prozessualien, gelöst von bewusster Kontrolle, in einem somnambulen Zustand, erzählt sie dem Grafen von einem Traumgesicht in der Silvesternacht:

*... Und da erschienst du ja, um Mitternacht,
Leibhaftig, wie ich jetzt dich vor mir sehe,
Als deine Braut mich liebend zu begrüßen.* (ebd., 644)

Käthchen sagt, wohlgemerkt in einem Traumzustand, sie habe den Grafen *leibhaftig, wie ich jetzt dich vor mir sehe,* gesehen und sich nicht gescheut, ihm ungedeckt in die Augen zu blicken, *weil ich glaubt, es wär ein Traum,* sie sich also keine mädchenhafte Zurückhaltung auferlegen musste.

Die Pointe dieser sich ins Bodenlose verlierenden und vermischenden Ebenen ist aber, dass Graf Wetter vom Strahl in derselben Silvesternacht, *todkrank im Nervenfieber,* seinerseits ebenfalls eine Traumerscheinung hatte, in der ihm ein Engel seine künftige Braut zeigte sowie ein besonderes Erkennungszeichen: ein Mal an ihrem Hals. Käthchen nimmt nun in ihrem unbewussten Zustand ihr Halstuch ab und zeigt ihm dieses Mal. Dann erwacht sie und steht auf. Verständlicherweise ist Graf Wetter vom Strahl fassungslos:

Was mir ein Traum schien, nackte Wahrheit ist's. (...)
Weh mir! Mein Geist, von Wunderlicht geblendet,
Schwankt an des Wahnsinns grausem Hang umher.
Denn wie begreif ich die Verkündigung,
Die mir noch silbern widerklingt im Ohr,
Dass sie die Tochter meines Kaisers sei? (ebd., 646)

Wenigstens die letzte Frage beantwortet sich im Folgenden wirklichkeitssatt – mit Blick auf eine lange zurückliegende Jugendaffäre des Kaisers, als er *vom Tanz ermüdet, aus dem Schlosstor trat, um (sich) in dem Garten, der daran stößt, unerkannt, unter dem Volk, das ihn erfüllte, zu erlaben.* (ebd., 655)

Das Traumleben verunsichert, indem es sich dem klaren Verständnis entzieht, und doch erscheint es hier auf wunderbare Weise realitätsnah und lebenspraII. Auch für die typischen Exponenten der Romantik enthält der Traum – gegenüber der beschränkten Wirklichkeit – größere Lebendigkeit, gesteigerte konkrete Sinnenhaftigkeit. Wenn das Leben sich mehr der Nacht des Traumes zuwendete, würde es herrlich, frei und kreativ.

Novalis sehnt sich nach einer Nacht, *wenn der Schlummer ewig und nur ein unerschöpflicher Traum sein wird*, und schmäht dagegen Tageslicht und Tagesleben:

Kannst du mir zeigen ein ewig treues Herz? Hat deine Sonne freundliche Augen, die mich erkennen? Fassen deine Sterne meine verlangende Hand? geben mir wieder den zärtlichen Druck und das kosende Wort? Hast du mit Farben und leichtem Umriss sie *geziert – oder war sie es, die deinem Schmuck höhere, liebere Bedeutung gab? Welche Wollust, welchen Genuss bietet dein Leben, die aufwögen des Todes Entzückungen? Trägt nicht alles, was uns begeistert, die Farbe der Nacht? Sie trägt dich mütterlich und ihr verdankst du all deine Herrlichkeit. Du verflögst in dir selbst – in endlosem Raum zergingst du, wenn sie dich nicht hielte, dich nicht bände, dass du warm würdest und flammend die Welt zeugtest.* (Novalis 1984, 119)

Die ›Hymnen an die Nacht‹ „poetisieren" auch das Leben Jesu, der i*n der Armut dichterischer Hütte erschien und von dessen freundlichen Lippen (…) unerschöpfliche Worte und der Botschaften fröhlichste fielen. Ein Sänger, von ferner Küste, unter Hellas' heiterm Himmel geboren (…), ergab sein ganzes Herz dem Wunderkinde* und endet seine Kontemplation mit den Worten:

Im Tode ward das ew'ge Leben kund,
Du bist der Tod und machst uns erst gesund. (ebd., 123)

Wie andere Frühromantiker will sich Novalis nicht in eine heile Traumlandschaft davonmachen in Richtung einer Seelenwelt der himmlischen Vollkommenheit, auch wenn Romantiker sich gerne religiöser Vorstellungen bedienen. Vielmehr ist der Inbegriff der romantischen Kunst, d*em Gemeinen einen hohen Sinn, dem Gewöhnlichen ein geheimnisvolles Ansehen, dem Bekannten die Würde des Unbekannten, dem Endlichen einen unendlichen Schein zu geben.* Stellvertretend für viele andere Ausführungen können einige Novalis-Aphorismen diese Denkrichtung illustrieren:

Die Welt muss romantisiert werden. So findet man den ursprünglichen Sinn wieder. Romantisieren ist nichts als eine qualitative Potenzierung. Das niedere Selbst wird mit einem besseren Selbst in dieser Operation identifiziert.

Die Welt romantisieren heißt, sie als Kontinuum wahrzunehmen, in dem alles mit allem zusammenhängt.

Sogar der Raum einer Nussschale kann uns wichtig werden, wenn wir selbst die Fülle des Daseins mitbringen.

Alles Sichtbare haftet am Unsichtbaren. (Novalis, 1799/1800)

Weniger emphatisch *spielt* Heinrich Heine mit den Motiven Wachen und Träumen, Leben und Tod – aber auch so, dass das Gegensätzliche zu etwas „Näherem", Intensiverem wird.

Der Tod das ist die kühle Nacht,
Das Leben ist der schwüle Tag.
Es dunkelt schon, mich schläfert,
Der Tag hat mich so müd gemacht.

Über mein Bett erhebt sich ein Baum,
Drin singt die junge Nachtigall;
Sie singt von lauter Liebe,
Ich hör es sogar im Traum. (Heine 1984, 384)

Der Traum gehört dem Bereich der Nacht, des Todes an, der sich hier mit dem Leben verbindet und es „qualitativ potenziert". In diesem gedanklichen Umfeld ist für Schleiermacher *Unsterblichkeit (…) nichts anderes als mitten in der Endlichkeit eins werden mit dem Unendlichen und ewig sein in diesem Augenblick.* (Schleiermacher 2015, 104) Das ist das Gegenteil von pseudo„romantischen" Entrückungserfahrungen. Vielmehr soll sich die Welt *in die Welt (...) zurückbegeben, das ganze verkehrte Wesen* soll fortfliegen, es soll *Klarheit* entstehen, und zwar aus *Licht und Schatten* (also nicht aus irgendeiner Art von „Verklärung"). Damit so dem Menschen wirkliches, *freies Leben* entsteht, braucht es *ein geheimes Wort,* das Novalis nicht expliziert, aber besingt:

Wenn nicht mehr Zahlen und Figuren
Sind Schlüssel aller Kreaturen,
Wenn die, so singen oder küssen,
Mehr als die Tiefgelehrten wissen,
Wenn sich die Welt ins freie Leben
Und in die Welt wird zurückbegeben,
Wenn dann sich wieder Licht und Schatten
Zu echter Klarheit wieder gatten
Und man in Märchen und Gedichten
Erkennt die wahren Weltgeschichten,
Dann fliegt vor einem geheimen Wort
Das ganze verkehrte Wesen fort.
(Novalis 1984, 142)

Bewusstseinszustände und Erfahrungen über das Alltäglich-Pragmatische hinaus sind kein Unfug; Träume sind nicht Schäume. „Das Leben – ein Traum" bedeutet nicht, es sei eine Seifenblase. Tiefenpsychologischen Theorien zufolge lassen Träume einen – nicht unmittelbar zugänglichen – *innersten Kern*, ein *Selbst* im Menschen erscheinen, welches *in ein Jenseits unseres bewussten Zeitgefühls reicht.*

Das Selbst ist eben nicht völlig in unserem Bewusstseinsbereich und seinem Zeitraum enthalten, es hat einen Aspekt von Zeitlosigkeit und Allgegenwart. (...) (Man wird) die Existenz des einzelnen Individuums niemals nur aus irgendwelchen Zweckmechanismen heraus, wie Überleben, Fortsetzung der Spezies (Rasse), Sexualität, Hunger, Todestrieb usw. (...) erklären können, sondern (es dient) darüber hinaus der Eigendarstellung von etwas Menschlichem an sich (...), welches nur durch ein Symbol ausgedrückt werden kann. (Jung 1984, 199ff.)

Als ein solches Symbol fungiert bei C.G. Jung das Bild des *kosmischen Menschen*, das auch in vielen Mythen und Religionen auftritt. *Die kosmische Natur dieses „großen Menschen" scheint darauf hinzuweisen, dass der innerste Kern der menschlichen Seele, das heißt das Selbst, von einer das individuelle Ich weit überragenden Ausdehnung ist.* (ebd., 200)

Die Reifung des Menschen besteht darin, sich mit diesem Innersten zu konfrontieren, das sich in den Kategorien des Tagesbewusstseins kaum fassen lässt.

Gleich ob es mit „männlicher" Strahlkraft, Entfaltung, Vollkommenheit assoziiert wird oder mit mütterlicher Geborgenheit, liegt darin jedenfalls etwas zutiefst Lebens-Gutes (nicht abstrakte Werte) – hinter und über aller Schwäche und Angst.

Den Künstler, Lust- und Leidensmensch Goldmund in Hermann Hesses Roman ›Narziß und Goldmund‹ berührt dies *in den Tagen der Wanderung, in den Liebesnächten, in den Zeiten der Sehnsucht, den Zeiten der Lebensgefahr und Todesnähe* – ganz anders als seinen asketisch-intellektuellen Freund Narziß, dem er im Sterben erklärt, er sei neugierig darauf zu sterben:

Nicht auf das Jenseits, Narziß, darüber mache ich mir nur wenig Gedanken, und wenn ich es offen sagen darf, ich glaube nicht mehr daran. Es gibt kein Jenseits. Der verdorrte Baum ist tot für immer, der erfrorene Vogel kommt nie wieder zum Leben und ebenso wenig der Mensch, wenn er gestorben ist. Man mag noch eine Weile an ihn denken, wenn er fort ist, aber auch das dauert ja nicht lange. Nein, neugierig auf das Sterben bin ich nur darum, weil es noch immer mein Glaube oder mein Traum ist, dass ich unterwegs bin zu meiner Mutter. Ich hoffe, der Tod werde ein großes Glück sein, ein Glück, so groß wie das der ersten Liebeserfüllung. Ich kann mich von dem Gedanken nicht trennen, dass statt des Todes mit der Sense es meine Mutter sein wird, die mich wieder zu sich nimmt und in das Nichtsein und in die Unschuld zurückführt. (Hesse 1979, 316)

Dass im Traum Erfahrenes nicht körperloses Hirngespinst ist, sondern auf die tragende Mitte des Menschen verweisen kann, wird hier ebenso deutlich wie das Einverständnis mit dem Tod. Goldmund kann

Lebenswollust nur *in ihrer innigen Verwandtschaft mit dem Schmerz und dem Tod* erleben. (ebd., 168) Für ihn ist die Welt darum ganz und gar nicht *verflucht, eitel, schlechte Nichtigkeit.* (Gryphius 1975, 68) Vielmehr gibt es Leben nur in der zeitlichen Begrenzung durch den Tod – so wie Traumerfahrungen eben nur in diesem flüchtigen, „unsicheren" Medium möglich sind.

Komplementäres

Wenn heute Vorstellungen von einem anderen, besseren künftigen Leben nach dem Tod gepflegt werden, können diese auch mit völlig außer-religiösen Gedankenmustern verbunden sein. Dabei gehen sie u.U. in Richtung einer „Entkernung" der Lebenszeit. Der Fokus kann dann eben eher darauf liegen, was sich demnächst und in weiterer Zukunft abspielt – weniger darauf, was die aktuell gelebte Gegenwart ausmacht. Gleich ob in Formen historisch-messianischer Heilserwartung, ob in der persönlichen Hoffnung auf tröstenden Ausgleich für das im Leben Entgangene (bis hin zur Bereitschaft, um eines späteren Lohnes willen Unrecht zu ertragen), ob in allen möglichen Spielarten „zielorientierten" funktionalen Verhaltens oder in einem Konsumismus, der tendenziell davon lebt, was als Nächstes noch gekauft werden muss: Jedes Mal wird die gerade ge- und erlebte Zeit in gewisser Weise entwertet. Der Zeitbegriff erscheint dabei nach dem Modell des Zahlenstrahls als ein formaler Parameter, anhand dessen vom Punkt des Zählenden aus linear weitergezählt wird. Das heißt, der gerade eingenommene „Punkt" wird fortlaufend „nichtig" im Hinblick auf den nächsten. (Analog zu einem kastrierten Zeitverständnis, das mit dem jeweils Gegenwärtigen nichts anzufangen weiß, hat man in Phänomenen wie z.B. der elektronischen Kommunikation und Verkehrstechnik eine fortschreitende Enträumlichung gesehen und ihnen – ein wenig freundliches Interesse unterstellt – einen „Zeit-Raum-Vampirismus". Der gegenwärtigen Zeitspanne, dem konkreten Ort werden die eigenen Qualitäten entzogen.) Die denkbare Alternative besteht in einer „Zeit" gleichsam als Medium des Atmens, des Wahrnehmens, des eigenen Tuns oder des Träumens.

Aus Kleinkindern spricht normalerweise nicht Zukunftssorge, normatives Denken, Selbstdistanz, auch nicht in schwierigen Situationen; auf uns wirkt ihre Lebensunmittelbarkeit beglückend. Das kindliche Lebensgefühl wie einzelne kindliche Erlebnisse sind (auch im Rückblick) nicht geprägt von einem entleerenden Zeitbewusstsein; sie werden als ausfüllende „Gegenwart" empfunden, vergleichbar einem Traum. (Es sind ja einerseits nur kleine Sekundenbruchteile, in denen das Gehirn Traumbilder aktiviert, andrerseits erscheinen auch inhaltlich Traum„geschichten" – wie etwa der zunehmenden Bedrohung, der Flucht, des Fliegens – als bildhafte Entfaltungen nur jeweils des einen psychischen Impulses.) Eine ähnliche (Un-)Zeitlichkeit kann man an Mythen feststellen – die nicht nur als Gründungserzählungen archaischer Kulturen und Völker, sondern auch als deren Träume interpretiert werden können. Die mythologische Gestalt des Ödipus etwa hat durchaus eine Geschichte, eine (Negativ-) Karriere: Seine Eltern setzen ihn als Kleinkind aus, weil sie verhindern wollen, dass sich das Delphische Orakel bewahrheitet, Ödipus werde seinen Vater töten und seine Mutter heiraten. Herangewachsen hört er ungläubig, er lebe bei Zieheltern, nicht bei seinen leiblichen Eltern. Seine eigene Nachfrage in Delphi wird mit demselben Orakel beantwortet, das an seine Eltern erging und dessen Erfüllung er nun zu vermeiden sucht. Er kehrt gar nicht mehr „nach Hause" zurück, sondern zieht in die Fremde. Bei einer Auseinandersetzung auf dem Weg tötet er unwissentlich seinen eigenen, ihm unbekannten Vater. Später hilft er einer verwitweten Königin aus schlimmster Bedrohung. Zum Dank kann er sie heiraten und König ihres Landes werden – natürlich ist es seine leibliche Mutter. Eine Pest bricht über das Land herein. Ödipus erfährt vom Orakel, dies sei die Strafe der Götter für die unsägliche Schuld eines Vatermords und einer Mutterheirat. Erst die Sühne für diesen Doppelfrevel werde das Land von der Plage befreien. In der Tragödie des Sophokles betreibt König Ödipus verantwortungsvoll die Aufklärung, und schließlich – aufgrund von Indizien und Zeugenaussagen – überführt er sich selbst als schuldlos Schuldigen. Was das Drama in einer durchlaufenden Handlung ohne Zeitsprünge zusammenbringt, dauert offenbar – als reale Lebensgeschichte vorgestellt – viele Jahre und unterteilt sich in viele verschiedenartige Phasen. Aber diese sind eigentlich Auffächerungen der *einen* Grunderfahrung: der Unentrinnbarkeit von Schuld und Strafwürdigkeit. Sollte die tief innerliche Intuition, dass Menschen keine Götter und nicht Herren ihres Schicksals sind, aussprechbar und erlebbar sein, dann musste man sie in Szenen wie die des Ödipus-Mythos umsetzen. Dessen erzählerische bzw. szenische Darbietung – ggf. in noch viel mehr Details und Einzelphasen als hier skizziert – ist die Umsetzung einer zeit-losen unbegrifflichen Vergegenwärtigung, so wie Traumszenen die Umsetzung einer (nicht direkt zugänglichen) Konstellation psychischer Antriebe sind.

Auch sehr starken Schmerz, sehr tiefe Trauer ebenso wie überwältigendes sinnliches Glück, intensive Arbeit, kontemplative Selbstvergessenheit und Altersmüdigkeit erleben wir nicht in erster Linie zeitlich, nicht als Verstreichen, nicht als Abfolge von „früher – jetzt – später", sondern als „Gestalt", als eindrücklich volles Dasein.

Man hat darauf hingewiesen, dass die Erinnerungen in Prousts ›Suche nach der verlorenen Zeit‹ eher auf Vergegenwärtigung als auf einen lebensgeschichtlichen Rückblick aus einer Distanz hinauslaufen. So erlebt die männliche Ich-Figur in der häufig zitierten „Madeleine"-Episode ein aus der Vergangenheit bereichertes „Jetzt" nicht als rückwärtsgewandten luftigen Gedankenflug, sondern gebunden an eine sehr konkrete aktuelle Konstellation. Als Jugendlicher hatte er es genossen, sonntagmorgens von seiner Tante mit einem in Tee getauchten Gebäck (einer „Madeleine") verwöhnt zu werden. Viele Jahre später kommt der

Kränkelnde an einem Winterabend verfroren und trübsinnig nach Hause und nimmt zufällig auf mütterlichen Vorschlag gegen seine Gewohnheit ein kleines Stück Madeleine, aufgeweicht in schwarzem Tee, zu sich:

In der Sekunde nun, als dieser mit dem Kuchengeschmack gemischte Schluck Tee meinen Gaumen berührte, zuckte ich zusammen und war wie gebannt durch etwas Ungewöhnliches, das sich in mir vollzog. Ein unerhörtes Glücksgefühl, das ganz für sich allein bestand und dessen Grund mir unbekannt blieb, hatte mich durchströmt. Mit einem Schlage waren mir die Wechselfälle des Lebens gleichgültig, seine Katastrophen zu harmlosen Missgeschicken, seine Kürze zu einem bloßen Trug unsrer Sinne geworden; es vollzog sich damit in mir, was sonst die Liebe vermag, gleichzeitig aber fühlte ich mich von einer köstlichen Substanz erfüllt: oder diese Substanz war vielmehr nicht in mir, sondern ich war sie selbst. Ich hatte aufgehört, mich mittelmäßig, zufallsbedingt, sterblich zu fühlen. (Proust 1979, 63)

Wenn im Kopf eines alten Menschen Erlebnisse Revue passieren, dürfte er ebenfalls eher deren Zugehörigkeit zu seinem Leben, zu seiner Person vor Augen haben, so wie sie eben ist. Die Vergangenheit hat sich in ihm eingekerbt wie die Falten in seinem Gesicht. Er dürfte seine Lebenszeit nicht primär als Leer-Ausgedehntes, als Zeitmatrix empfinden, innerhalb derer er nur verschiedene Einzelpunkte fokussiert oder zu einer Kette reiht. Die Zeit ist gleichsam zu seinem Leben „gestaucht", ihr abstraktes Endlosschema ist verblasst, damit auch die Perspektive der Wiederholung oder Revision. Er „hat" unwiderruflich sein Leben, er ist darauf festgelegt, er hat sich lebend festgelegt. Sein aktuelles Leben ist entschieden nicht mehr vorläufig. Es ist nicht vergleichbar mit einzelnen versuchenden Pinselstrichen, sondern es ist zu einem Bild geworden – keine Szenen-Reihung, sondern Kristallisation einer ganzen Lebenszeit.

Ein Gemälde, wenn man sich so hinein vertieft, dass es zu sprechen beginnt, dass eine lebendige Korrespondenz mit dem Betrachter entsteht, scheint eine zusätzliche, dritte Dimension und damit den Charakter des aktuell Gegenwärtigen anzunehmen. Ein Musikwerk, in seiner unsagbaren, „überweltlichen" Seelenwahrheit empfunden, scheint „stehenzubleiben". Das medientypische Merkmal von Dauer und Abfolge scheint außer Kraft gesetzt. Die Musik scheint ein umfassender Raum zu sein. – Offenbar wird mit all dem der „natürliche", „äußere" Zeitablauf nicht außer Kraft gesetzt.

Für Alltagsgeschäftigkeit, Lebensbesorgnis und organisierende Welterklärung ist das „normale" Zeitkonzept lebenstauglich und unentbehrlich: B und dann C folgen auf A, C hat B zur Voraussetzung, A ist die Ursache von B usw. Gleichzeitig verführt uns dieses Zeitkonzept dazu, eine angenommene Unzerstörbarkeit unseres eigentlichen, wahren Wesens (der „Seele") *uns nur als eine Fortdauer desselben (zu) denken, und zwar eigentlich nach dem Schema der Materie.(…) Von einer Unzerstörbarkeit (…), die keine Fortdauer wäre, können wir kaum uns auch nur einen abstrakten Begriff bilden.* Dementsprechend diskreditiert Arthur Schopenhauer mit Bezug auf Kants Vernunftkritik jede triviale Ewigkeitsvorstellung. (Schopenhauer 1987, 183)

Jedoch eröffnen die oben genannten Phänomene „zeitloser" Lebendigkeit auch andere Denkmöglichkeiten. Für den legendären Mönch von Heisterbach fallen Jahrhunderte zusammen in dem Moment der Versenkung in die Frage nach der Ewigkeit. Dass dies beides Seiten der Realität sind, zeigt die Legende dadurch, dass einerseits das Kloster, in dem der Mönch sich zur Kontemplation zurückgezogen hat und dann „aufwacht", zerfallen ist und er Menschen viel späterer Generationen vor sich hat, dass er aber andrerseits als derselbe Grübelnde dasitzt, der das Ewigkeitsdenken in sich zugelassen hat.

Kategoriale Erfahrung – in ihrer räumlichen und zeitlichen Strukturierung, in ihrer eindeutig kausalen Logik etc. – und zeit-loses (Er-)Leben können offenbar ineinander verschränkt sein. Man könnte dies als Zusammengehörigkeit in Verschiedenheit, als Komplementarität zu verstehen versuchen, als „koexistierende Möglichkeiten", *da eine Möglichkeit eine andere einschließen oder sich mit anderen Möglichkeiten überschneiden kann.* Werner Heisenberg spricht hier über Quantenphysik, stellt aber ausdrücklich fest, *dass die Situation der Komplementarität keineswegs auf die Welt der Atome beschränkt ist. Wir treffen sie etwa an, wenn wir (…) die Wahl haben zwischen dem Genuss von Musik und der Analyse ihrer Struktur.* (Heisenberg 2000, 261)

Der Notenbefund von Paminas g-moll-Arie in Mozarts ›Zauberflöte‹ bezüglich ihrer Tonalität, Harmonik, formalen Struktur und Instrumentierung, ihrer (im Prinzip ganz gängigen, epochentypischen) kompositorischen Mittel ist offenbar die unentbehrliche Grundlage dessen, was man in einer Aufführung hört. Zugleich aber ist das Hörerlebnis dieser unvergleichlich nahegehenden Liebesklage, das durch die Realisation all jener Mittel zustande kommt, etwas ganz Anderes, Eigenwertig-Seelenvolles, das sich keineswegs auf das Analyseergebnis reduzieren lässt.

Der Verliebte wie der Verzweifelte ist derselbe Mensch wie zuvor, er befindet sich in der gleichen Umwelt, viele Lebensvollzüge sind nicht anders als in einer „neutralen" Verfassung, nicht einmal seine psychische Disposition hat sich grundlegend verändert. Dennoch erfährt er sich in einem anderen, erhöhten oder vertieften Lebensmodus von entscheidendem Realitätsgehalt.

Auch ein Gegenstand, ein Ort, ein äußerer Umstand – eine Muschel, ein Gebirgszug, eine Verspätung – können mehr sein, als was sie banaler Weise sind, z.B. Auslöser für Gefühle und Erinnerungen, Anhaltspunkt zur Orientierung, Inspiration u.v.a.m. Für Semiologen lebt der Mensch „in einem Universum von Zeichen" (Eco 1999, 10) und es gibt für uns eigentlich gar keine „bloßen Dinge", sondern diese werden erst „etwas", wenn sie etwas bedeuten. Die Welt besteht aus Zeichen. Dabei sind das physische Etwas, der „Zeichenkörper", und ihre Wertigkeit, ihre „Bedeutung", fest verbunden, obwohl sie etwas ganz Verschiedenes sind.

Die hier angedeutete Relativität im allgemeinen Denken verdankt sich nicht zuletzt den Theorien des Physikers Heisenberg. *Der starre Rahmen der Begriffe des 19. Jahrhunderts* habe sich dadurch *aufgelöst*. Nachdem im Mittelalter *das, was wir heutzutage die symbolische Bedeutung einer Sache nennen, in einer gewissen Weise (als) ihre primäre Wirklichkeit* verstanden wurde (Heisenberg 2000, 274) – z.B. Nahrung als Geschenk, Tod als Strafe Gottes –, hatte die Neuzeit ein leistungsfähiges anderes Rationalitätskonzept eingeführt. Später aber hatte auch sie angesichts nicht mehr integrierbarer neuer Beobachtungen lange Zeit *nicht erkennen können, was etwa mit den grundlegenden Begriffen wie Materie, Raum, Zeit und Kausalität falsch sein sollte, die sich doch sonst in der Geschichte der Wissenschaft so ausgezeichnet bewährt hatten.* (ebd., 278) Heute wissen wir zwar, *dass sie in einem sehr weiten Bereich innerer und äußerer Erfahrung angewendet werden können*. Aber Relativitäts- und Quantentheorie haben gezeigt, dass wir niemals ganz genau wissen, *wo die Grenzen ihrer Anwendbarkeit liegen. Dies gilt selbst bei den einfachsten und allgemeinsten Begriffen wie Existenz oder Raum und Zeit.* (ebd., 132) *Die existierenden wissenschaftlichen Begriffe passen jeweils nur zu einem sehr begrenzten Teil der Wirklichkeit.* Heisenberg hält es für notwendig, *eine neue Bedeutung des Wortes ‚verstehen' zu lernen.* (ebd., 282)

Die klassische Physik wie auch ein traditioneller Sprachgebrauch gehen noch *von der objektiven Existenz von Gegenständen aus (...) sowie davon, dass es kein Problem darstellt, den Weg dieser Objekte in Zeit und Raum zu beschreiben, und dass es auch kein Problem darstellt, sich diesen Weg vorzustellen, unabhängig davon, ob das Objekt, das wir betrachten, tatsächlich auch beobachtet wird.* (Zeilinger 2003, 161)

Heute dagegen wissen wir z.B., *dass ein Photon oder ein Atom gleichzeitig an zwei Orten sein kann. Genauer gesagt: Es lassen sich die Konsequenzen eines an zwei Raumstellen gleichzeitig anwesenden Photons (...) beobachten,* was man sich durch dessen sich überlagernde Wellen erklärt. (s.u.) (Chown 2005, 44)

Hugh Everett interpretiert dies dahingehend, *dass jeder einzelne Zustand der Überlagerung in einer absolut separaten Wirklichkeit existiert. Mit anderen Worten: Es existiert eine Vielzahl von Welten – ein „Multiversum" -, auf das sich das Auftreten der einzelnen möglichen Quantenereignisse verteilt.* (ebd., 49)

Die moderne Teilchenphysik dürfte kaum Erkenntnisse abwerfen zu Möglichkeit und Sinn eines „Ewigkeits"-Lebens. Aber sie könnte – gleichsam als mentale Lockerungsübung – zur Schulung beitragen, eine Eindeutigkeit der Welt nicht als absolute Voraussetzung sinnvoller Aussagen und die generalisierte Bestimmtheit einer Lehre (z.B. auch bzgl. der Endlichkeit oder Ewigkeit des Menschen) nicht als höchstes Qualitätskriterium zu betrachten. Sie zeigt ja z.B.,

(a) dass etwas zugleich dieses Etwas und etwas Anderes sein kann (Teilchen – Welle),

(b) dass dieses Etwas nur reduziert in seinen Eigenschaften erscheinen kann, wenn man es fokussiert – eben dadurch, dass man es „beobachtet",

(c) dass die verschiedenen realen „Seinsweisen" von etwas (in der Quantenphysik nur als Möglichkeiten statistisch bestimmbar) sich gegenseitig beeinflussen.

Im sogenannten „Doppelspalt-Experiment" vergleicht man zunächst die Ergebnisse zweier Vorgänge: Wenn man massenhaft sehr kleine Gegenstände („Kugeln") durch zwei Spalten einer Trennwand auf eine dahinter liegende Projektionsfläche schießt und die Auftrittspunkte markiert, erhält man – wie erwartet – zwei Streifen. Lässt man dagegen Wellen durch den Doppelspalt auf die hintere Wand auftreffen und markiert die Auftrittspunkte, erhält man eine Vielzahl von verschieden starken Streifen, weil die Wellen, wenn sie hinter der Trennwand herauskommen, wieder expandieren, aufeinandertreffen und sich überlagern, d.h. sich teils verstärken, teils gegenseitig aufheben (wo Wellenberg und Wellental aufeinandertreffen). Mag es einen noch nicht allzu sehr verstören, dass dasselbe geschieht, wenn man schließlich „Kleinstteilchen" durch den Doppelspalt schießt (obgleich es doch Teilchen, keine Wellen sind), so entzieht es sich völlig der Anschauung, wenn man registrieren muss, dass etwa ein und dasselbe (mikrophysikalische) „Teilchen" sowohl durch den einen als auch durch den anderen Spalt gedrungen ist, dass es sich dahinter wieder „verbindet" oder dass es – einzeln beobachtet – ausschließlich Teilchencharakter hat (und nicht Welleneigenschaft, die doch erst das Interferenzbild auf der Rückwand erklärt).

Es wäre vielleicht verlockend, einfach Elemente der Quantenphysik auf das Thema „physisches Leben – ewiges Leben" (etwa als Everett'sche Zwei-Welten-Theorie) zu übertragen:
(a) der Mensch könne also durchaus beides „zugleich" haben;
(b) wenn man ihn exakt beschreiben wolle, könne man ihn ‚natürlich' nur als Träger der benannten Eigenschaften sehen – was aber bestenfalls die halbe Wahrheit sei;
(c) real vorfindbares menschliches Leben und dessen metaphysische Dimension kommunizierten ganz offen-

sichtlich, sie wirkten aufeinander ein (keine humane Denk-, Empfindungs-, Sozialausstattung ohne metaphysischen Grund, keine „ewige Seele" ohne konkretes individuelles Leben).

Indes: Der Übungsgewinn eines solchen Seitenblicks vom Thema der „Ewigkeit" in ein ganz anderes Gebiet sollte eher methodisch darin liegen, ein starres Verständnis z.B. religiöser Formeln und Glaubensverbindlichkeiten ebenso in Frage zu stellen wie einen „materialistisch-realistischen" Dogmatismus. Mikrophysikalische Beschreibungsmodelle und ihre experimentelle Validierung können nicht auf ganz anders geartete, nicht-physikalische Fragen übertragen werden. Dasselbe jedoch gilt für das „klassische" physikalische Weltbild Newtons, für seine Mechanik, seine Hypothesen über Raum und Zeit und für *deren* Übertragung auf das Leib-Seele-Problem. Dass sich etwa im Tode die Seele „vom" Körper „löse", dass sie „nach" dem Tod „weiter" existiere, sind Vorstellungen, die – gerade indem sie das Gegenteil zu sagen beanspruchen, gerade indem sie über eine ganz andere Dimension des Menschenlebens sprechen wollen – allenfalls einem Rationalitätsmaßstab des 18. Jahrhunderts anhängen. Dessen Objektbegriff, dessen Kategorien zu verabsolutieren, macht das Paradox zum Dogma.

Helmut Krausser meint scheinbar leichthin: *Sieht so aus, als wäre der Materialismus endgültig ausgereizt – macht er noch jemandem Spaß?* (Krausser 2014, 124) Weniger flapsig, aber vielleicht ebenso befreiend ist die Frage, wie der Mensch seiner ganzen Wirklichkeit näherkommen kann.

Physiker führen Debatten darüber, *ob die Welle irgendeine unter der Außenhaut der Dinge reale Entität ist oder lediglich eine praktische mathematische Hilfskonstruktion für rechnerische Zwecke,* was z.B. auch aufgrund des Umstands erwägenswert scheint, *dass nicht die*

Wahrscheinlichkeitswelle an sich, sondern das Quadrat der Wahrscheinlichkeitswelle der eigentlich bedeutsame Faktor ist (Chown 2005, 39), dass „Welle" also nichts anschaulich Gegebenes ist. Je genauere Messungen ihnen gelingen, desto vorsichtiger sprechen sie von der „Realität" als *etwas – ein Bild, eine Vorstellung, ein Gedanke –, das wir aufgrund unserer Vorstellungen und Erfahrungen konstruieren.* (Zeilinger 2003, 213) Schon Niels Bohr hatte gemahnt: *Es ist falsch zu denken, es wäre die Aufgabe der Physik herauszufinden, wie die Natur beschaffen ist. Aufgabe der Physik ist vielmehr herauszufinden, was wir über die Natur sagen können.* (zit. in: Zeilinger 2003, 213)

Wie sollte es da anders sein, wenn man die zeitliche bzw. überzeitliche Dimension des Menschen zu ergründen versucht? Mit welchem Recht hielte man es für rational, bei diesem existenziellen Thema einzig eine Sprache als sinnvoll anzuerkennen, die vorgibt, die Wirklichkeit definitiv „wiederzugeben" („Der Mensch hat (k)ein vom physischen Leben geschiedenes ‚ewiges' Sein.")?

Lesen ohne Buchstaben

Es wird gerne gesagt, dass jemand, der im Sterben liegt, sein Leben geistig noch einmal „im Zeitraffer" durchläuft, dass er sich auf nie gekannte Art dem Leben verbunden fühlt und seine letzten Augenblicke in gesteigerter Präsenz erlebt.

Der Edelmann Claudio sagt in Hofmannsthals Drama ›Der Tor und der Tod‹ dem Tod ins Angesicht, bisher habe er nicht wirklich gelebt.

Du meinst, ich hätte doch geliebt, gehasst ...
Nein, nie hab ich den Kern davon erfasst,
Es war ein Tausch von Schein und Warten nur.
(Hofmannsthal 1979, 291)

Wie abgerissne Wiesenblumen
Ein dunkles Wasser mit sich reißt,
So glitten mir die jungen Tage,
Und ich hab nie gewusst, dass das schon Leben heißt.
(ebd., 289)

Erst, da ich sterbe, spür ich, dass ich bin. (ebd., 297)
Bis dahin sagen diese Auszüge nichts völlig Überraschendes. In den nächsten Zeilen aber geht Claudio darüber hinaus – in zweifacher Hinsicht: Nicht die unmittelbare Zeit vor dem Sterben steht im Fokus, sondern das Sterben oder gar die Vorwegnahme des Gestorbenseins; und eben dies wird als der realere und „vollere" Zustand apostrophiert. Claudio ist jetzt im *Fühlensübermaß* wacher als in seiner Lebenszeit. Indem er – laut Regieanweisung – stirbt, wacht er im *Todeswachen* auf. Er tritt gleichsam aus einem Dunkel heraus. Realisierte Sterblichkeit, Vergänglichkeit bedeutet „Zerbrechen" einer Unsichtbarkeitshülle. Der ›Cherubinische Wandersmann‹ des Angelus Silesius benutzte schon solche Formulierungen:

> *Schau/ diese Welt vergeht. Was? Sie vergeht auch nicht/*
> *Es ist nur Finsternis, was Gott an ihr zerbricht.*
>
> (Silesius 1984, 87)

Aber jenes Übermaß korrespondiert für Claudio eng mit dem zuvor gelebten Leben, ebenso wie das Erwachen aus einem Traum gerade auf dessen hohes Affektniveau zurückzuführen ist.

> *Wenn einer träumt, so kann ein Übermaß*
> *Geträumten Fühlens ihn erwachen machen,*
> *So wach ich jetzt, im Fühlensübermaß,*
> *Vom Lebenstraum wohl auf im Todeswachen.*
>
> (Hofmannsthal 1979, 297)

Tod und Leben fallen nicht auseinander, der Tod ist übervoll an lebendigem Gefühl, das Leben ist mit überreichem Erleben „angerührt" vom Tod; der nun spricht:

> *Wenn in der lauen Sonnenabendfeier*
> *Durch goldne Luft ein Blatt herabgeschwebt,*
> *Hat dich mein Wehen angeschauert,*
> *Das traumhaft um die reifen Dinge webt;*
> *Wenn Überschwellen der Gefühle*
> *Mit warmer Flut die Seele zitternd füllte,*
> *Wenn sich im plötzlichen Durchzucken*
> *Das Ungeheure als verwandt enthüllte,*
> *Und du, hingebend dich im großen Reigen,*
> *Die Welt empfingest als dein eigen:*
> *In jeder wahrhaft großen Stunde,*
> *Die schauern deine Erdenform gemacht,*
> *Hab ich dich angerührt im Seelengrunde*
> *Mit heiliger, geheimnisvoller Macht.* (ebd., 289)

Tod und Leben sind nicht getrennte Regionen, sind nicht zweierlei Bereiche. Was könnte „Tod" besagen, wenn es kein Leben gäbe? Claudio hat sein bisheriges Leben, Leben ohne Todesprägung, selbst nicht als „volles Sein" empfunden:

> *Stets schleppte ich den rätselhaften Fluch,*
> *Nie ganz bewusst, nie völlig unbewusst,*
> *Mit kleinem Leid und schaler Lust*

Mein Leben zu erleben wie ein Buch,
Das man zur Hälfte noch nicht und halb nicht mehr
begreift,
Und hinter dem der Sinn erst nach Lebendgem
schweift –
Und was mich quälte und was mich erfreute,
Mir war, als ob es nie sich selbst bedeute,
Nein, künftgen Lebens vorgeliehnen Schein
und hohles Bild von einem vollern Sein.
(ebd., 284 f.)

Leiden und Freuden des Lebens *bedeuten* nicht, was sie „sein" könnten, außerhalb der Todesprägung. Wenn nicht von Angesicht zu Angesicht mit dem Tod, sind Lust und Qual nicht voll adaptierbar. Man kann sonst damit so wenig anfangen wie mit den unverstandenen oder schon wieder vergessenen Inhalten eines Buches. Es gibt keinen Sinn. Andererseits kann der Mensch im Bewusstsein zu sterben Sinn und Lebensreichtum finden, obgleich dies nirgends „positiv" entnehmbar, gleichsam schwarz auf weiß ablesbar ist.

Ein Buch kann einen verwirren, vielleicht ist man von Anderem absorbiert, es kann einem verschlossen bleiben. Umgekehrt kann einem aber auch etwas gar nicht Ausbuchstabiertes, den Tod vor Augen, die eigene Grundverfassung realisierend, in seiner Bedeutung klar werden. Man kann, *was nie geschrieben wurde, lesen* und *Verworrenes beherrschend binden*. (ebd., 298)

Dahinleben kann ein rätselhafter Fluch sein. *Todeswachen* kann *Wege noch im Ewig-Dunkeln finden.* (ebd.)

Tod und Leben sind eng beieinander, sie sind aufeinander bezogen, zeichnen sich gegenseitig und reichern sich wechselseitig mit dem an, was sie ausmacht. Nur künstlicher Schein kann sie auseinanderziehen. Eins ist im andern verwoben.

Möchten Sie unsterblich sein? (Max Frisch) ist eine rhetorische Frage. Das Unsterblich-Sein wäre kein Leben.

Der „unsterblichen Seele" stellte Thomas Mann den Ausdruck *beseelt von Vergänglichkeit* gegenüber. Diese Beseeltheit im Vergänglichen entziffern heißt, *was nie geschrieben wurde, lesen*: Eine Lektüre, die – wie die Interpretation eines Kunstwerks – den „Bedeutungsüberschuss" der Lebens-Sterbens-Textur freilegt, „realisiert", erlebbar werden lässt und lebendig macht: die, statt bloßer Worte, statt leerer Worte, Fülle und Wahrheit sieht – sei's auch *im Ewig-Dunkeln*.

Das „Wahre", das Innere, das Größere im Konkreten wahrzunehmen, das scheint die Ausrichtung vieler Texte Rainer Maria Rilkes zu sein – also auch das behelfsweise „Jenseits" Genannte im diesseits Gegebenen zu sehen. Dies ist nur in einer besonderen Sprache möglich.

Der bereits erwähnte Angelus Silesius hatte diese Gedankenrichtung – in ganz anderen Zusammenhängen – immer wieder auszusprechen gesucht und sich dazu ganz eigener sprachlich-gedanklicher Formen bedient:

Mensch, stirbest du nicht gern/ so willst du nicht
dein Leben:
Das Leben wird dir nicht als durch den Tod gegeben.
(Silesius 1984, 265)

Zeit ist wie Ewigkeit/ und Ewigkeit wie Zeit/
So du nur selber nicht machst einen Unterschied.
(ebd., 34)

Im Fall, dich länger dünkt die Ewigkeit als Zeit:
So redest du von Pein und nicht von Seligkeit.
(ebd., 109)

Die Ewigkeit ist uns so innig und gemein:
Wir wolln gleich oder nicht/ wir müssen ewig sein.
(ebd., 221)

Und deutlicher christlich religiös gewendet:
Die Zeit ist edeler als tausend Ewigkeiten:

Ich kann mich hier dem Herrn/ dort aber nicht bereiten. (ebd., 206)

Ich selbst bin Ewigkeit/ wann ich die Zeit verlasse/ Und mich in Gott/ und Gott in mich zusammenfasse. (ebd., 29)

-- Ein Junge (hier in Ich-Form) sitzt mit seiner Mutter in einem Zimmer und betrachtet ganz versunken geklöppelte Spitzendecken, die sie aus einer Schublade geholt hat, wo sie lange Zeit aufbewahrt wurden.

„*Die sind gewiss in den Himmel gekommen, die das gemacht haben", meinte ich bewundernd. (...)*
„*In den Himmel? Ich glaube, sie sind ganz und gar da drin. Wenn man das so sieht: das kann gut eine ewige Seligkeit sein. Man weiß ja so wenig darüber.*" (Rilke 1982, 112)

Auch der Künstlerisch-Feinsinnige könnte das zunächst als gefühlsmäßig parfümiert abtun. Es handelt sich um Aufzeichnungen eines achtundzwanzigjährigen jungen Mannes, Malte Laurids Brigge, der seinem Tod entgegensieht und sich rückblickend und reflektierend Wertigkeiten des Lebens klar zu machen versucht. Er sucht nach der richtigen Sprache, arbeitet sich an Ausdrucksproblemen eines Dichters ab, stellt also Ansprüche hoch differenzierter Formulierung. Dass seine Lebenshaltung bloß eine überfeinert „geklöppelte", lebensferne Ästhetisierung wäre, einer solchen Einschätzung widerspricht schon drastisch seine früheste Todeserfahrung. Sein Großvater, der Gutsherr Christoph Detlev Brigge, liegt im Sterben. Wochenlang ist der kleine Malte Zeuge von dessen Todeskampf, seiner sich aufbäumenden Unduldsamkeit, seinem tierischen Schmerzgebrüll:

Nicht Christoph Detlev war es, welchem diese Stimme gehörte, es war Christoph Detlevs Tod. (...) Nachts schrie Christoph Detlevs Tod, schrie und stöhnte, brüllte so lange und anhaltend, dass die Hunde, die zuerst mitheul-

ten, verstummten und nicht wagten sich hinzulegen und, auf ihren langen, schlanken, zitternden Beinen stehend, sich fürchteten. (ebd., 16)

Sterbenmüssen mit bereichernder Lebensfülle in Verbindung zu bringen, würde einem hierzu kaum einfallen. Aber auch das eigene bisherige Leben sieht der junge Mann entschieden als leer an: *Ich bin achtundzwanzig, und es ist so gut wie nichts geschehen.* (ebd., 21) Er bezieht das auf seine Produktivität, fasst es dann sogleich aber in einem viel umfassenderen Sinn:

Es ist lächerlich. Ich sitze hier in meiner kleinen Stube, ich, Brigge, der achtundzwanzig Jahre alt geworden ist und von dem niemand weiß. Ich sitze hier und bin nichts. Und dennoch, dieses Nichts fängt an zu denken. (...) Ist es möglich, denkt es, dass man noch nichts Wirkliches und Wichtiges gesehen, erkannt und gesagt hat? Ist es möglich, dass man Jahrtausende Zeit gehabt hat, zu schauen, nachzudenken und aufzuzeichnen, und dass man die Jahrtausende hat vergehen lassen wie eine Schulpause? (...) Ist es möglich, dass man trotz Erfindungen und Fortschritten, trotz Kultur, Religion und Weltweisheit an der Oberfläche des Lebens geblieben ist? Ist es möglich, dass man sogar diese Oberfläche, die doch immerhin etwas gewesen wäre, mit einem unglaublich langweiligen Stoff überzogen hat, so dass es aussieht wie die Salonmöbel in den Sommerferien? (...) Ist es möglich, dass alle Wirklichkeiten nichts sind für (die Menschen); dass ihr Leben abläuft, mit nichts verknüpft, wie eine Uhr in einem leeren Zimmer? (ebd., 23)

Immer wieder beantwortet Malte seine Fragen mit einem *Ja, es ist möglich*. Später fragt er sich:

Ist es nicht gerade unser Eigenstes, wovon wir am wenigsten wissen? Manchmal denke ich mir, wie der Himmel entstanden ist und der Tod: dadurch, dass wir unser Kostbarstes von uns fortgerückt haben, weil noch so viel anderes zu tun war vorher und weil es bei uns Beschäftigten nicht in Sicherheit war. Nun sind Zeiten darüber vergangen, und wir haben uns an Geringeres gewöhnt. Wir erkennen unser Eigentum nicht mehr und entsetzen uns vor seiner äußersten Großheit. (ebd., 133)

Unser Eigenstes in seiner *äußersten Großheit* zu erkennen, sich selbst nicht mit Formeln über eine Nach- und Überwelt abzuspeisen, dies soll durch eine Art zu dichten möglich werden, die nicht von irgendetwas handelt, die also nicht irgendwelche Vorstellungen, Wahrnehmungen, Geschichten wiedergibt. Diese muss man *vergessen können. Man muss die große Geduld haben, zu warten, dass sie wiederkommen,* bis sie *Blut werden in uns, Blick und Gebärde, namenlos und nicht mehr zu unterscheiden von uns selbst.* (ebd., 108) Dann ist man für eine *andere Auslegung* bereit, die mit namenloser Furcht verbunden ist, denn *es wird kein Wort auf dem andern bleiben, und jeder Sinn wird wie Wolken sich auflösen und wie Wasser niedergehen. Bei aller Furcht bin ich schließlich doch wie einer, der vor etwas Großem steht.* (ebd., 47)

Rilke redet weder einem (künstlerischen oder lebenspraktischen) Realismus noch metaphysischer Orientierung das Wort. Er arbeitet an einer Perspektive, aus der sich das Konkrete, Faktische *in seiner unendlichen Unsäglichkeit* zeigt (ebd., 108). Über Hölderlin sagt er, dass dieser *immer ungeduldiger, immer verzweifelter unter dem Sichtbaren nach Äquivalenten suchte für das innen Gesehene.* (ebd., 70) Ebenso könnte gelten, dass er im Sichtbaren etwas „Inneres" zu fassen suchte – *um des Unfasslichen willen.*

Dichtung repräsentiert einen Lebensbezug. Sich auf Konkretes einzulassen, ihm so nachzuspüren, es so intensiv wie möglich zu verfolgen, dass es sich als „Soviel-Mehr" dem unmittelbaren Zugriff entzieht und insofern gerade *in seinem Geheimnis heil bleibt*, ist auch die Kraft der Liebenden:

Ihre Legende ist die der Byblis, die den Kaunos verfolgt bis nach Lykien hin. Ihres Herzens Andrang jagte sie durch die Länder auf seiner Spur, und schließlich war sie am

Ende der Kraft; aber so stark war ihres Wesens Bewegtheit, dass sie, hinsinkend, jenseits vom Tod als Quelle wiedererschien, eilend, als eilende Quelle. (ebd., 184)

Die Wesensbewegtheit des Liebenden befähigt dazu, nicht mehr an die Grenzen von Leben und Tod gebunden zu sein. Der Liebende hat beim *Tod der Geliebten* Zugang zu deren Seinsweise und kann diese leibhaft erspüren:

Er wusste nur vom Tod was alle wissen:
dass er uns nimmt und in das Stumme stößt.
Aber als sie, nicht von ihm fortgerissen,
nein, leis aus seinen Augen ausgelöst

hinüberglitt zu unbekannten Schatten,
und als er fühlte, dass sie drüben nun
wie einen Mond ihr Mädchenlächeln hatten
und ihre Weise wohlzutun:

da wurden ihm die Toten so bekannt,
als wäre er durch sie mit einem jeden
ganz nah verwandt; er ließ die andern reden

und glaubte nicht und nannte jenes Land
das gutgelegene, das immersüße –
Und tastete es ab für ihre Füße. (Rilke 2006, 486)

Das angesprochene Gewebe von sich ausschließenden und zugleich sich wechselseitig verstärkenden Impulsen, von Zuwendung und Zurückhaltung, von Erschöpfung und Sich-nicht-Erschöpfen findet als besonders intimes Kraftfeld im einzigen Gedicht des Malte-Romans seinen Ausdruck. Es könnte an Kleists „paradoxes" Bild eines Torbogens erinnern, der sich gerade durch das Schwergewicht der im Rund aufeinander drückenden Steine stabil hält. Oder an ein Kraftfeld kosmischer Anziehungs- und Flugkräfte, die alles unwiderstehlich „mitreißen" und eben dadurch allem uneinnehmbar seinen realen Raum geben.

> *Du, der ichs nicht sage, dass ich bei Nacht*
> *weinend liege,*
> *deren Wesen mich müde macht*
> *wie eine Wiege.*
> *Du, die mir nicht sagt, wenn sie wacht*
> *meinetwillen:*
> *wie, wenn wir diese Pracht*
> *ohne zu stillen*
> *in uns ertrügen?* (ebd., 424)

Nähe, sogar Verschmelzen, und Abstand, Verschiedenheit sind hier ineinander verwoben. In vielen Gedichten Rilkes lässt sich ein vergleichbarer Vorstellungsimpuls bezüglich des „Ewigkeits"charakters des Lebens bzw. des Lebenscharakters der „Ewigkeit" erkennen. Über „unsere" Zeit und „jene" Ewigkeit zu sprechen, ist ja als Sprachproblem der Dichtung vergleichbar: ein Finden, Frei-legen, Abtasten passender Wortvorstellungen.

> *Dein ist zu lieben, was du nicht weißt.*
> *Es nimmt dein geschenktes Gefühl und reißt*
> *es mit sich hinüber. Wohin?* (ebd., 757)

Man muss sich zutiefst, aus seiner Mitte, einem Etwas zuwenden und öffnen, das ganz und gar nicht in der bekannt-eigenen Mitte eingeschlossen war und das doch das Wohltuendste, das deutlich Passendste, das Mitreißende, wahrhaft Zentrierende ist.

> *Wie ist das alles entfernt und verwandt*
> *und lange enträtselt und unerkannt,*
> *sinnlos und wieder voll Sinn.*

In dem Sonett, hier in umgekehrter Strophenfolge zitiert, geht es um einen Brunnen und die Betrachtung eines Brunnens.

> *Das Wasser ist fremd und das Wasser ist dein,*
> *von hier und doch nicht von hier.*
> *Eine Weile bist du der Brunnenstein,*
> *und es spiegelt die Dinge in dir.*

Dieses „Zulassen", Als-Wahr-Nehmen originär sinnenhafter Qualitäten eröffnet eine „lange unerkannte"

Transparenz, bringt „fremde" und doch „deinige" Obertöne zur Geltung.

Wir hören seit lange (sic!) *die Brunnen mit.*
Sie klingen uns beinah wie Zeit.
Aber sie halten viel eher Schritt
mit der wandelnden Ewigkeit. (ebd., 756)

„Hiesiges" als „Symbol *für*" im landläufigen Sinne anzusehen, d.h. nur als didaktisches Hilfsmittel, wird dieser Vorstellung nicht gerecht.

Leben und Tod: sie sind im Kerne Eins.
Wer sich begreift aus seinem eigenen Stamme,
der presst sich selber zu dem Tropfen Weins
und wirft sich selber in die reinste Flamme.
(ebd., 760)

Sein Eigenstes be„greifen" – das wäre Leben – ist eine intensive verwandelnde Aktivität: Wein pressen, sich ins Feuer werfen. Das „Himmlische" ist, recht besehen, *im* Physischen, als dessen Konzentration, die sich im Zeitlich-Räumlichen nur löst. Wieder hilft hier, zumindest fragewese, die Vorstellung des fließenden Wassers.

Wasser, die stürzen und eilende ...
heiter vereinte, heiter sich teilende
Wasser ... Landschaft voll Gang.
Wasser zu Wassern sich drängende
und in Klängen hängende
Stille am Wiesenhang.

Ist in ihnen die Zeit gelöst,
die sich staut und sich weiterstößt,
vorbei am vergesslichen Ohr?
Geht indessen aus jedem Hang
in den himmlischen Übergang
irdischer Raum hervor? (ebd., 828)

Physische „Räumlichkeit" könnte man als „Übersetzung" der „Wirklichkeit" der Dinge ansprechen. Diese Wirklichkeit, das Tief-Innere der Dinge, eröffnet sich durch eine Entgrenzung, die – paradox erscheinend –

durch „Verzichten", „Verhaltung" geschehen kann; also wohl durch ein Weglassen des notdürftigen Sonstigen, des Unzutreffenden, welches (Weglassen) zugleich auf den Übersetzenden selbst bezogen ist; durch eine ungemindert konzentrierte Ausrichtung, nicht aber durch entstellende „Objektivierung". Was daraus entsteht, ist nicht Idealisierung, sondern das „Wirkliche".

Raum greift aus uns und übersetzt die Dinge:
dass dir das Dasein eines Baums gelinge,
wirf Innenraum um ihn, aus jenem Raum,
der in dir west. Umgib ihn mit Verhaltung.
Er grenzt sich nicht. Erst in der Eingestaltung
in dein Verzichten wird er wirklich Baum.
(ebd., 811)

Nicht Abstraktion, sondern die Bereitschaft sich rückhaltlos durch das sinnlich Gegebene beeindrucken zu lassen führt zu einem solchen „paradoxen" Kräftespiel.

Das Rosen-Innere

Wo ist zu diesem Innen
ein Außen? Auf welches Weh
legt man solches Linnen?
Welche Himmel spiegeln sich drinnen
in dem Binnensee
dieser offenen Rosen,
dieser sorglosen, sieh:
wie sie lose im Losen
liegen, als könnte nie
eine zitternde Hand sie verschütten.
Sie können sich selber kaum
halten; viele ließen
sich überfüllen und fließen
über von Innenraum
in die Tage, die immer
voller und voller sich schließen,
bis der ganze Sommer ein Zimmer
wird, ein Zimmer in einem Traum. (ebd., 526)

Was „psychologisch" als äußerste Affizierbarkeit, als völliges Sich-hinein-leben eingeordnet werden mag, dem entspricht die dichterische Gestaltung. Darin gibt es keine Differenz zwischen vorfindbarem „Gegenstand" und künstlerischem Ausdruck. *Form ist vom Inhalt der Sinn, Inhalt das Wesen der Form.* (Hofmannsthal, a.a.O., 155)

Wem dies ein nicht nachvollziehbarer Ästhetizismus ist, der denke an die gleich existenzielle Verwobenheit, an das Eins-im-Andern von Leben und Tod, von Zeit und Ewigkeit, die bereits zur Sprache kam. Rilke sagt selbst über seine Elegien: *Lebens- und Todesbejahung erweist sich als Eines* darin. (zit. nach Holthusen 1958, 152) Denn gerade das Leiden, das Schwinden, Vergehen bestätigt das Einzelne, Einmalige; seine Zeitlichkeit macht es unwiderrufbar, „ewig". – Warum Dasein? Warum *Menschliches müssen?*

Weil Hiersein viel ist, und weil uns scheinbar
alles das Hiesige braucht, dieses Schwindende, das
seltsam uns angeht. Uns, die Schwindendsten.
                                  Ein *Mal*
jedes, nur ein Mal. Ein *Mal und nichtmehr* (sic!).
                            Und wir auch
ein *Mal. Nie wieder. Aber dieses*
ein *Mal gewesen zu sein, wenn auch nur* ein *Mal:*
irdisch *gewesen zu sein, scheint nicht widerrufbar.*
(Rilke 2006, 711)

Die Flammen eines Kaminfeuers vergegenwärtigen beides, die Brennqualität der im Sommer geschlagenen Scheite in ihrem Lodern und zugleich in ihrem Zu-Asche-Werden.

Auferstehung, nannten sie's, vom Tode –
Ja, das mag ein solches Flammen sein;
denn der Tod war nie der Antipode
dessen, was sich hier dem Schein

dieser Sonne gab und ihn begehrte –.
Das zum Troste reife Herz erkennt's:

> *Totsein ist: das in uns umgekehrte*
> *Brennen unseres Elements.* (ebd., 669)

Endlichkeit ist für den Menschen konstitutiv. *Unser Besitz ist Verlust. Je kühner, je reiner wir verlieren, je mehr.* Auch wenn und gerade wenn wir an dem Flachen, an dem Kontingenten, dem Begrenzten leiden und uns daran abarbeiten, trägt uns der Auftrieb einer wunderbaren Weite.

> *O Leben Leben, wunderliche Zeit*
> *von Widerspruch zu Widerspruche reichend*
> *im Gange oft so schlecht so schwer so schleichend*
> *und dann auf einmal, mit unsäglich weit*
> *entspannten Flügeln, einem Engel gleichend:*
> *o unerklärlichste, o Lebenszeit.*

> *Von allen großgewagten Existenzen*
> *kann eine glühender und kühner sein?*
> *Wir stehn und stemmen uns an unsre Grenzen*
> *und reißen ein Unkenntliches herein.* (ebd., 599)

Diese Sprechweise will nicht geistreicheln und nicht einlullen. Sie fordert ein ebenso eindringliches, lebendiges, schaffendes Lesen, wie der vorausgehende Zugang, das Tun des Dichtens, aus solch zäher Lebendigkeit besteht. Dies betont auch Hofmannsthal – wie für die Bildhauerei, so für die Dichtkunst:

> Werke *sind totes Gestein, dem tönenden Meißel*
> *entsprungen,*
> *Wenn am lebendigen Ich meißelnd der Meister*
> *erschuf.*
> Werke *verkünden den Geist, wie Puppen den Falter*
> *verkünden:*
> *„Sehet, er ließ mich zurück, leblos, und flatterte fort."*
> Werke, *sie gleichen dem Schilf, dem flüsternden*
> *Schilfe des Midas,*
> *Streuen Geheimnisse aus, wenn sie schon längst nicht*
> *mehr wahr.*
>
> (Hofmannsthal 1979, 135)

Wenn der Begriff hier nicht so entschieden deplatziert wäre, könnte man im sprachlichen Formulierungsschaffen eine Bewegung des Transzendierens sehen:

Fürchterlich ist die Kunst! Ich spinn aus dem Leib mir den Faden,
Und dieser Faden zugleich ist auch mein Weg durch die Luft. (ebd., 189)

Was könnte mehr zutreffen auf alles Denken über die „Ewigkeit" des Menschen?

Feuer und Tanz

Triviale materialistische und psychologistische Positionen tendieren zur despektierlichen Auflösung von Transzendenz: Es handele sich da um geschickte Manipulation oder um den kläglichen Versuch tatsächlich sehr begrenzter Lebewesen, ihr Leben zu erhalten, zu erweitern, zu stabilisieren. Denselben Antrieb finde man ja auch bei Pflanzen und Tieren – denen man deshalb aber keine ewige Seele zuschreibe. Ungeachtet des Problems, ob und wo prinzipielle Unterschiede zwischen Tier und Mensch festzustellen sind, erscheint die Frage nach einem Darüber-hinaus als solche aber doch als ein „plus" im Verhältnis zum Immanenten. Phantasien von einem seelischen Leben – sollte es auch nicht mehr sein –, Bilder-, Denk- und Ausdrucksversuche für etwas „Ewiges" des Menschen waren und sind in den meisten Kulturen mehr und etwas Anderes als evolutions-, neuro- oder sonstwie-biologisch „weg zu erklärendes" Verhalten.

Mindestens seit Platons Zeiten neigt man nun dazu, eine Stufung, einen „Aufstieg" menschlichen Lebensvollzugs vom „Niederen" zum „Höheren" um dessen Ausgangsbasis, um die „unteren" Stufen, zu verkürzen, kaum dass man die „höheren" Regionen im Blick zu haben meint. Im Höhenrausch setzt man das Höchste als das Wahre und alles darunter als unwesentlich. Eros, für Sokrates die Kraft einer gelingenden Lebensausrichtung, verlöre sich aber offensichtlich selbst, wenn die *Liebe zu den schönen Körpern* und *zu schönen Dingen* diskreditiert würde, weggeschnitten zugunsten reiner *Liebe zur Weisheit* und zur *Idee des Guten* (vgl. die Sokrates-Rede in Platons „Symposion", in: Platon 1968, 225ff.) Ein solches „reines" Niveau wäre nicht nur unerotisch – frei nach dem Schlagervers „Meine Frau ist über-sinnlich".

Es wäre auch eine gehaltlose Abstraktion, eine Schimäre des Erstrebenswerten: eines Erstrebenswerten, dem das Erstreben amputiert wäre. Einem Aufstieg zum „Absoluten", der einher ginge damit, dass man die Leiter wegstieße, auf der man steht, wäre denn doch die abgegriffene Formel vorzuziehen „Der Weg ist das Ziel" (sofern man dies nicht als bloßes unverdrossenes Weiterstiefeln anpreist). Oder: Das Leben ist das Leben. Das wahre Leben ist nicht ein absolutes, nachdem man sein gelebtes Leben abgestoßen hat.

Nur in Bezug auf jene Schimäre scheint mir eine materialistische Kritik nachvollziehbar. Dass aber ein „Höheres", Weiteres für den Menschen nichtsdestoweniger im Sinnenhaften, Körperlichen angelegt ist und seine Kraft ausübt, wird bei Paul Valery drei Zuschauern einer faszinierenden Tänzerin erfahrbar. Den Haupttext seines ›Eupalinos‹, einer Schrift zur Ästhetik, bildet ein Gespräch der Schatten des Sokrates und seines Freundes und Schülers Phaidros in der Unterwelt (inspiriert von den Gedanken und Werken eines Architekten namens Eupalinos). Sie feiern hymnisch (an diesem Orte!) die Tiefen- oder Höhendimension des sinnenhaft körperlichen Räumlich-Zeitlichen im „Schönen". Zum Beispiel erinnern sich die Gesprächspartner an die Sonne, an wunderbare Statuen und sind sich sicher:

Das Schönste, was es gibt, kommt nicht vor in der Ewigkeit. (...) Nichts Schönes lässt sich vom Leben abtrennen. Das Leben ist das, was stirbt. (Valery 1973, 71)

Aus der Negativperspektive der Schattenwelt preisen sie den lebendigen Körper – pronociert dem Substanzlosen eines puren Seelenlebens gegenübergestellt:

Instrument des Lebens, das du bist, du bist für jeden von uns der einzige Gegenstand, der sich dem Weltall vergleichen lässt. Der ganze Himmelsumkreis hat dich zur Mitte; o Gegenstand der gegenseitigen Aufmerksamkeit eines ganzen gestirnten Himmels! Du bist das Maß der

Welt, von der meine Seele mir nur das Äußere vorstellt. Sie kennt sie ohne Tiefe und so oberflächlich, dass sie manchmal imstande ist, sie unter die Träume zu stellen; sie zweifelt an der Sonne. (...) Von sich eingenommen durch ihre vergänglichen Hervorbringungen, glaubt sie sich fähig, eine Unzahl verschiedener Realitäten zu schaffen; sie bildet sich ein, es gäbe andere Welten, aber du rufst sie zurück zu dir, wie der Anker das Schiff zu sich zurückruft. (ebd., 91)

Die Künste aber können die Sinne so ansprechen, dass Raum und Zeit, die Anschauungsformen der Sinnlichkeit (nach Kant), aufgehoben werden – so die Erinnerung der ins Schattenreich Hinabgesunkenen:

Kam es dir dann nicht vor, als ob der ursprüngliche Raum ersetzt worden wäre durch einen verständlichen und veränderlichen Raum; oder vielmehr als ob die Zeit selbst dich auf allen Seiten umgäbe? (ebd., 95)

Und der ehemals aufmerksame Musikhörer beobachtete, dass er *die Töne der Instrumente gewissermaßen nicht mehr als Eindrücke (seines) Gehörs wahrnahm. Die Symphonie selbst ließ (ihn) den Sinn des Hörens vergessen. Sie verwandelte (ihn) so rasch und so vollkommen in belebte Wahrheiten, in Abenteuer des Weltalls oder in abstrakte Zusammenhänge, dass (er) das sinnliche Mittel, den Ton, überhaupt nicht mehr wahrnahm.* (ebd., 101)

Besonders eindrücklich aber verdeutlicht Valery die Transformation und Steigerung des Spürbar-Körperlichen in Bezug auf den Tanz: die Kunstgattung also, die sich in ausgezeichneter Weise des Mediums des Körpers bedient, zu deren Ausübung extremer Körpereinsatz gehört und die insofern auch besonders das Körpergefühl des Betrachters aktiviert. In dem erwähnten vorangestellten, ebenfalls antikisierenden Text ›Die Seele und der Tanz‹ überlegt Sokrates, ob der Tanz *etwas Anderes* ausdrücke, ob er eine „message" habe, gleichsam eine übertragene Bedeutung, oder ob er vielleicht doch nur faszinierendes Spiel sei.

Der eine versichert mir, (der Tanz) sei, was er ist, und keinesfalls mehr, als was unsere Augen hier sehen; der andere hält daran fest, dass er etwas vorstelle und also nicht ganz und gar in sich selber sei, sondern hauptsächlich in uns. (ebd., 35)

Aber beide Sichtweisen treffen nicht den Kern der Sache. Zu dessen Erklärung zieht Sokrates später versuchsweise das Feuer heran. Was die faszinierende Tänzerin vorstellt?

Nichts (...). Aber alles (...). Ebenso gut die Liebe wie das Meer, und das Leben selber und die Gedanken ... Fühlt ihr denn nicht, dass sie der reine Vorgang ist der Verwandlungen? (ebd., 34) ... *Diese Entzückung und Schwingung des Lebens (...) Diese unübertreffliche Spannung, dieses Hingerissensein in die höchste Beweglichkeit, deren man fähig ist, (besitzt) die Eigenschaften und Kräfte der Flamme; (...) alles, was Schande ist, Überdruss, Nichtigkeit und der ganze eintönige Unterhalt des Daseins (zehrt) sich darin auf. (...) Aber was ist eine Flamme (...), wenn nicht der Augenblick selbst? – Das Tolle, das Ausgelassene, das Furchtbare, das der Augenblick enthält! (...) Wenn dieser Augenblick zwischen der Erde und dem Himmel zu handeln beginnt, so ist das Flamme.* (ebd., 44f.)

Sokrates und seine Gesprächspartner steigern sich angesichts der Darbietung der Tänzerin in eine rauschhafte Wahrnehmung, welcher sie in Worten kaum Ausdruck zu geben vermögen.

– *Sieh doch, sieh! ... Dort tanzt sie und schenkt den Augen, was du hier zu sagen versuchst...Sie macht den Augenblick sichtbar. (...) Sie entwendet der Natur unmögliche Haltungen vor den eigenen Augen der Zeit! ... Und die Zeit lässt sich täuschen ... Ungestraft schreitet sie durch das Undenkbare ... Sie ist göttlich im Unaufhaltsamen und bringt es unseren Augen zum Geschenk.*

- *Der Augenblick gebiert die Form, und die Form macht den Augenblick sichtbar. (...)*
- *Sie dreht sich um sich selbst – und die von ewig her verbundenen Dinge beginnen sich zu trennen. Sie dreht und dreht...*
- *Das heißt wirklich vordringen in eine andere Welt. (...)*
- *Sie dreht, und alles Sichtbare fällt ab von ihrer Seele; der Schlamm ihrer Seele scheidet sich vom Reinsten; Menschen und Dinge sind im Begriff, um sie herum im Kreis einen formlosen Niederschlag zu bilden... Seht ihr... Sie dreht... Ein Körper durch seine bloße Kraft, durch seine Handlung ist mächtig genug, das Wesen der Dinge gründlicher zu verändern, als es jemals dem Geist in seinen Untersuchungen und Träumen gelingt.*
- *Es sieht so aus, als könne das ewig dauern.*
- *Sie könnte sterben in diesem Zustand.* (ebd., 47ff.)

Das dem Menschen Angemessene

Wenn der Aufklärer Gotthold Ephraim Lessing an den antiken All-round-Gelehrten Aristoteles erinnert, klingt das alles andere als versponnen. Ein Beil ist nicht dazu da, eine Tür zu öffnen, und ein Schlüssel ist nicht dazu da, Holz zu spalten. Sinnvollerweise spaltet man Holz mit einem Beil und öffnet eine Türe mit einem Schlüssel. Das ist der Zweck dieser Gegenstände; das, wozu sie da sind; das ihnen Angemessene. Ein entsprechender Umgang damit ist ein stimmiges, ein werthaftes Verhalten. Gutes Handeln ist ein solches, in dem der „Sinn", der Wesenskern einer Sache realisiert wird. Man nannte es „Tugend" (areté, virtus), sich so zu verhalten. Tätigkeit in diesem Sinne bedeutet „Glückseligkeit". Denn Glück bedeutet für Aristoteles „Tätigkeit" – und nicht: sich in (wie auch immer geartete) Glücksumstände hinein-„gebeamt" zu finden.

So ist es auch verkehrt, *die Untätigkeit höher zu loben als die Tätigkeit, denn die Glückseligkeit (eudaimonia) ist Tätigkeit (praxis).* (Aristoteles 1968, 232) Die Leute meinen, *dass die äußeren Güter Ursachen der Glückseligkeit seien, das ist aber geradeso, wie wenn man für die Ursache eines schönen Zitherspiels nicht so sehr die Kunst ansehen wollte als vielmehr das Instrument.* Tatsächlich aber besteht Glückseligkeit *in der vollendeten Verwirklichung (enérgeia) und Anwendung der Tugend (areté).* (ebd., 253)

Nun ist der Mensch letztlich ein Wesen mit Geist (logos), das sich in der Gemeinschaft gleichartiger Anderer entfaltet (zoon politikon). Innerhalb dieser Koordinaten gibt es viele Varianten „tugendhaften" Handelns, übrigens von verschiedenem Rang.

Das tätige (Leben) braucht nicht notwendig auf andere gerichtet zu sein, wie manche glauben, und nicht die Gedanken (dianoia) allein sind praktischer Natur, welche auf die Erfolge des Handelns gerichtet sind, sondern in weit höherem Grade sind es diejenigen Betrachtungen (theoría) und Gedanken, welche um ihrer selbst willen angestellt werden und in sich selbst ihr Ziel haben (autotelés). (...) Denn das höchste Gut ist *das seiner selbst willen Erstrebte gegenüber dem eines andern wegen Erdachten.* Ehre, Lust, Verstand u.v.a.m strebt man an, um Glückseligkeit zu erreichen. Glückseligkeit selbst aber *wollen wir immer wegen ihrer selbst, nie wegen eines andern.* (ebd., 233) *Die Vernunft (logos) und das Einsehvermögen (nous) sind aber das Endziel unserer Natur, folglich muss man auf diese hin das Werden (genesis) des Menschen (...) richten.* (ebd., 260) *Das Tätigsein der Vernunft in Betrachtung ihrer selbst ist das göttlichste Tätigsein.* (Aristoteles 1964, 248)

In derartiger aktiver geistiger Betrachtung, die entschieden über vernünftige Beschäftigung mit Konkretem, Vorliegendem hinausgeht, liegt die Vollendung des Menschen – nicht im Abstreifen des Menschenlebens und einer nach-aktuellen, bloß „seelischen" Fortexistenz. Aristoteles erklärt dies anhand seines Begriffspaares von Stoff und Form.

Die Seele ist das, wodurch wir leben und wahrnehmen und denken. Daher wird sie als (...) Form, aber nicht als Stoff (...) anzusehen sein. (...) Der Stoff ist das Mögliche, die Form das Wirkliche. Da nun das aus beiden Zusammengesetzte ein beseeltes Wesen ist, so ist der Körper nicht die Wirklichkeit einer Seele, sondern die Seele die Wirklichkeit eines bestimmten Körpers. Die Seele kann *einerseits nicht ohne Körper, andererseits aber nicht selbst ein Körper sein. (...) Denn sie ist nicht ein Körper, aber eine Bestimmtheit des Körpers. Deshalb ist sie in einem Körper, und zwar in einem Körper von bestimmter Beschaffenheit; und es ist nicht etwa so, wie die früheren Forscher annahmen, die sie in einen Körper eintreten ließen, ohne zu bestimmen, welcher Körper es sei und von welcher Art, wiewohl doch der Augenschein zeigt, dass nicht jedes Belie-*

bige von jedem Beliebigen angenommen wird. (...) Die vollendete Wirklichkeit eines jeden Dinges muss natürlich in dem Möglichen, d.h. in dem zugehörigen Stoffe sein. Hieraus geht deutlich hervor, dass die Seele eine Wirklichkeit und zwar die Wesensform dessen ist, was die Möglichkeit hat, ein so bestimmtes Wesen zu sein. (ebd., 251)

Ein derart „geerdetes" Menschenbild (und damit auch: Bild einer menschlichen „Ewigkeits"dimension) zeichnen viele repräsentative Autoren der Antike, nicht nur der „Realist" Aristoteles. Auch sein Lehrer Platon, der philosophische Inaugurator einer ideellen Welt, denkt die Kapazität und Ausrichtung des Menschen auf ein absolut-ewiges Gutes/Wahres/Schönes in der „Beschränkung" des lebendigen Tätigseins.

Zwar fasst er *zum erstenmal in voller grundsätzlicher Klarheit den Gedanken eines anderen als des körperlichen Seins (Daseins), nämlich den eines rein ideellen Seins, das nicht durch die Sinne, sondern nur in rein geistigen, noetischen Akten fassbar wird. (...) Dieses Sein der Ideen ist nichts Vages, Unterschiedsloses, Negatives, das alle Realität aufhöbe, sondern besteht aus einer ganzen „Welt" geordneter und einheitlich vom höchsten Prinzip durchwalteter Wesensformen. Dies sind die Ideen. Sie machen den absoluten Bereich aus im Gegensatz zu allem bloß Sinnlichen; aus ihnen besteht die urbildliche, wesenhafte, ewige Welt des wahren Seins. (...) Die Ideen heißen gelegentlich auch logoi, d.i. Vernunftgründe: Sie sind das einzig rein Denkbare und zugleich Denknotwendige (...) (und) von der bisherigen Seinsauffassung (im Sinne des räumlich-zeitlichen Daseins) aufs nachdrücklichste (zu scheiden).* (ebd., 91f.)

Wie bereits angesprochen, gehört aber eben auch bei Platon weder der Mensch als Ganzer noch irgendetwas in ihm oder von ihm dieser Ebene des „Urbildlichen", „Ewigen" an. Immerhin ist in ihm eine Kraft wirksam, ihn daraufhin auszurichten. Das ist die Kraft des Eros.

Eros ist *ein „dämonisches" Mittleres und Vermittelndes zwischen unten und oben, zwischen Menschlichem und Göttlichem, Sterblichem und Unsterblichem, Nichthaben und Haben, Nichtwissen und Wissen. Er ist gerade als ein solches Hinübergehen von Einem zum Anderen auch das Wesen der Philosophie. Denn wahre Philosophie ist Philia (Liebe) zur Sophia (Weisheit), ist Leidenschaft für die Wahrheit. Eros besteht (…) im Streben nach Zeugung im Schönen – leiblich wie geistig, um so Unsterblichkeit zu erlangen, eben in einem Stufengang von schönen Leibern über leibliche Schönheit überhaupt zu Seelisch-Schönem und schließlich Gedanken-Schönem. Diese höchste Stufe eröffnet den Blick für die reine Gestalt des wahren Schönen an sich, das immer ist, nicht entsteht und nicht vergeht, nicht größer und nicht kleiner wird, das an keinen bestimmten Ort und an keine bestimmte Zeit gebunden ist, das sich überhaupt nicht in irgendeinem Raum, weder auf der Erde noch im Himmel, befindet, sondern rein und lauter und unvermischt als ein an und für sich bestehendes einzigartiges Sein ewig in sich ruht, an dem alles andere teilhat (metéchei), jedoch in der Weise, das sein Werden und Vergehen jenes wahre Schöne nicht berührt.* (ebd., 93)

Dieses Schauen ist das Glückvollste, das dem Menschen möglich ist. Der Mensch strebt auf allen Ebenen nach „Schönem", weil es ihn „glücklich" macht. Darum soll auch das Schöne andauern. Aber der Mensch und alles an ihm ist vergänglich. Alles Physische steht überhaupt in einem Prozess ständigen Entstehens und Vergehens. Das betrifft den Körper und all seine Organe; das betrifft Sinnesart, Charakter, Ansichten, Begierden, Gefühle; das betrifft auch theoretische Kenntnisse, denn Nachsinnen heißt nichts anderes, als einen aktuellen Erkenntnisstand zu revidieren oder zu erweitern: so erklärt es Sokrates' Lehrerin Diotima in Platons ›Symposion‹.

Inspiriert vom sexuellen Erlebnis, hat nun die Formulierung *Zeugung im Schönen* Konnotationen wie

- Intensivst-Eigenes in Bezug zu setzen zu etwas ganz Anderem,
- über sich selbst hinausgehen,
- ein Weiteres, ein Neues, ein Mehr aktivieren, seine eigene Begrenztheit durchbrechen.

Insofern ist diese Zeugung im platonischen Sinne *etwas Ewiges und Unsterbliches (…), soweit bei Sterblichen davon die Rede sein kann. Daher gehört (…) zum Streben nach dem Guten auch das nach Unsterblichkeit, wenn anders die Liebe dem dauernden Besitz des Guten gilt. Aus dieser Betrachtung ergibt sich also mit Notwendigkeit, dass der Eros auch auf die Unsterblichkeit gerichtet ist.* (ebd., 227)

Nach der *höchsten Wahrheit, einem Schönen von wunderbarer Art,* zu streben, ist das Ziel und die Bestimmung des Menschen. Diese seine erotische Anlage in fortschreitend gereinigter Betrachtung zu realisieren, ist seine höchste „Tugend" (vgl. Aristoteles). Wenn der Mensch *nicht bloß Schattenbilder der Tugend* erzeugt, *sondern die wahre Tugend, da er die Wahrheit berührt, (…) ist es ihm beschieden, ein Gottgeliebter zu werden und der Unsterblichkeit teilhaftig, wenn anders sie überhaupt einem Menschen zuteil wird.* (ebd., 231)

Platon benutzt Worte wie „berühren" oder „teilhaben" – eine bekannte Gedankenfigur seiner Ideenlehre –, um den Bezug des Menschen zum „Ewigen" zu formulieren. Diese Ausrichtung ist der Wesenskern des Menschen. – Man interpretiert Platons „Höhlengleichnis" nicht nur als Veranschaulichung des Prozesses philosophischen Denkens, sondern gern auch im Sinne einer Lehre der Jenseitigkeit des eigentlichen Seins (in einem „Ideenhimmel"). Der Akzent des Gleichnisses liegt aber wohl weniger auf einer Seins-Doktrin als auf den Menschen, die mit dem Seienden zu tun haben; er liegt auf denen, die mehr oder weniger von dem sehen, was wirklich ist. Wenn man sich tief in einer unterirdischen Höhle befindet und auf deren Rückwand schaut, sieht man – eine hinterrücks liegende künstliche Lichtquelle vorausgesetzt – auf der Höhlenwand nur Schatten dessen, was sich zwischen dieser Lichtquelle und der eigenen Position befindet. Dreht man sich um, so sieht man die betreffenden Schatten werfenden Gegenstände selbst, aber ungenau bzw. im Gegenlicht. Je weiter man an der Lichtquelle vorbei und auf das Tageslicht zugeht, desto mehr, genauer, unverschatteter sieht man alles. Ebenso wird einem klar, dass, um etwas genauer erfassen zu können, nicht nur tatsächlich Dinge (und nicht nur Schatten) da sein müssen, sondern auch möglichst gutes Licht: am besten das Sonnenlicht außerhalb der Höhle.

Der Gewinn dieser bildlichen Vorstellung scheint weniger in einem Fazit zu liegen, es gebe einerseits mehr oder weniger defizitäres Sein (Schattenbilder, weitere Wahrnehmungen in der Höhle) und andererseits eine absolute Seins-Intensität (Sonnenlicht), als in der Einsicht, dass Menschen (die Höhleninsassen) über das zunächst Gegebene hinausgehen sollten. Dann erfahren sie, dass ihre Lebenswelt noch ganz andere Formen und Farben hat als die zunächst gesehenen „Schatten". Dabei bleibt das, was dann eine andere, intensivere Beleuchtung erhält, nichtsdestoweniger ihre gegebene Welt, und sie selbst bleiben dieselben Betrachter, die nun aber alles in helleren Farben sehen. Das Licht erweckt gleichsam die Farben und Dimensionen der Dinge, aber ohne deren physische Realität gäbe es auch alle Farben und Dimensionen nicht. – Kaum wahrscheinlich, dass der Grieche Platon höchste Erkenntnis und damit höchste menschliche Selbstverwirklichung darin gesehen hätte, „einfach so" und immer weiter ins mediterrane Sonnenlicht zu starren; sehr wohl aber dürfte ihm evident gewesen sein, in welchem Maße ideales Licht das richtige Sehen erschließt.

So verstanden lehrt das Höhlengleichnis nicht eine Trennung von Körperlichem (Vergänglichem) und

Geistigem (Ewigem), sondern dessen Bezug aufeinander, den es zunehmend zu erfassen gilt. Dieser Prozess ermöglicht nach allgemeiner griechischer Anschauung jedoch keineswegs den definitiven Überstieg aus den physischen Bedingungen des Menschen in eine himmlisch geistige Unbedingtheit. „Menschliches" und „Göttliches" bleiben radikal geschieden. Sterblichkeit ist ja geradezu das Unterscheidungskriterium von Menschen und Göttern. Die Not, der Fluch des Menschen, aber zugleich seine besondere Würde liegt in dieser seiner Art von Begrenztheit: bis hin zu der Ungeheuerlichkeit, aussprechen zu können: „Weh, dass ich geboren bin!". Der tragische Held hebt damit Hegel zufolge seine „schuldlose Schuld" in eine höhere Freiheit auf. – Aber auch unterhalb solcher Reflexionshöhe könnte er seine existenzielle Verzweiflung in gewissem Sinne relativieren, wenn er des Fluchs gedenkt, der auch über Göttern liegt, nämlich *in ewge Schleier eingehüllt* zu sein (Kleist 2001, 293), und wenn er Jupiters Erfahrungsbericht aus dem Reich der Unsterblichkeit zur Kenntnis nimmt. Dieser nörgelt gelegentlich: *Auch der Olymp ist öde* (ebd., 292) – ein starkes statement, obgleich eine fragwürdige Rechtfertigung für seine Liebesnächte mit Alkmene. Die hat er sich durch die zeitweilige Verwandlung in deren Ehemann Amphytrion erschlichen. –

Als einzig überlebender Schiffbrüchiger wird Odysseus von der äußerst attraktiven Göttin Kalypso beherbergt. Doch obwohl er ihre Gastfreundschaft ebenso wie ihre erotische Zuwendung sehr genießt, erfasst ihn schnell wieder seine notorische Unruhe und seine Sehnsucht nach seiner Heimat Ithaka und seiner Frau Penelope. Kalypso drängt ihn zu bleiben:
„Aber wüsste dein Herz, wieviele Leiden das Schicksal
Dir zu dulden bestimmt, bevor du zur Heimat gelangtest,
Gerne würdest du bleiben, mit mir die Grotte bewohnen

Und ein Unsterblicher sein, wie sehr du
*   auch wünschest, die Gattin*
Wiederzusehn, nach welcher du stets so
*   herzlich dich sehntest!*
Glauben darf ich doch wohl, dass ich nicht schlechter
*   als sie bin,*
Weder an Wuchs noch an Bildung! Wie können
*   sterbliche Weiber*
Mit unsterblichen sich an Gestalt und
*   Schönheit vergleichen?"*
Ihr antwortete drauf der erfindungsreiche Odysseus:
"Zürne mir darum nicht, ehrwürdige Göttin! Ich weiß es
Selber zu gut, wie sehr der klugen Penelopeia
Reiz vor deiner Gestalt und deiner erhabenen
*   Größe verschwindet,*
Denn sie ist nur sterblich, und dich schmückt
*   ewige Jugend.*
Aber ich wünsche dennoch und sehne mich täglich
*   von Herzen,*
Wieder nach Hause zu gehen und zu schaun
*   den Tag der Zurückkunft.*
Und verfolgt mich ein Gott im dunkeln Meer, so will ich's
Dulden, mein Herz im Busen ist längst
*   zum Leiden gehärtet." (…)*
Also sprach er, da sank die Sonne und Dunkel erhob sich.
Beide gingen zur Kammer der schön gewölbten Grotte
Und genossen der Lieb' und ruheten nebeneinander.
(Homer 1966, 73)

Das „Helden"tum, die „Tugend" des Odysseus ist nicht, ein Unsterblicher zu sein, in Kalypsos ewige Jugend hineingezogen zu werden und sich der Erhabenheit ihrer Gestalt zu erfreuen. Er selbst ist *erfindungsreich*, er fühlt sich von der Klugheit Penelopes angezogen, er akzeptiert mit starkem Herzen göttliche Verfolgung und daraus entstehende Leiden. Seine raison d'etre ist seit dem Sieg über die Trojaner *nach Hause zu gehen und zu schaun den Tag (seiner) Rückkunft*, d.h. den Kreis zu schließen und einen Endpunkt zu erleben. Dadurch ist Odysseus heldenhaft und groß – nicht die unsterbliche Kalypso. Ihre unendlich fortdauernde Göttlichkeit scheint ihr selbst nicht zu schmecken; wohl aber dem Odysseus eine weitere (letzte) Liebesnacht mit ihr.

Sterben zu müssen schreckt ihn nicht und mindert nicht seine Person und seine „Lebensleistung". Antike Bildnisse stellen den Tod *nach der Homerischen Idee als Zwillingsbruder des Schlafes vor* (Lessing 1967(1),176), als *Zustand der Ruhe und der Unempfindlichkeit* (ebd., 208), diagnostiziert Lessing und stellt der betreffenden Schrift ein lateinisches Motto voran, das auf eine antike Grabskulptur gemünzt war: *Nullique ea tristis imago (und für niemand ist traurig dies Bildnis).* (ebd., 172)

Das Leben erfüllt sich im Leben, nicht in einer fixen Ewigkeit, meint der Aufklärer. In seinem gleichnamigen Drama lässt er Nathan, den Weisen, Zurückhaltung anraten gegenüber als absolut angesehenen Wahrheiten: Die sich bekriegenden Religionen sollten nicht aus einem unbedingten Wahrheits- und Rechtsanspruch ihr Heilsversprechen ableiten und nicht aus einer damit verbundenen Jenseits-Zertifizierung. Statt auf eine „höhere" Zweitwelt sollten sie ihre Lehren auf die jeweilig lebendige Aktualität beziehen. In der berühmten Ringparabel streiten drei Brüder vor Gericht um einen ihnen hinterlassenen Ring, der dem Empfänger das Vorrecht in der Familie gibt und die *geheime Kraft* hat, *vor Gott und Menschen angenehm zu machen, wer in dieser Zuversicht ihn (trägt)*. Aus gleicher Liebe zu allen drei Söhnen hatte der Vater jedem von ihnen einen gleichartigen Ring übergeben. Nach seinem Tod beansprucht jeder jenes Privileg, da ja auch jeder das objektiv gültige Unterpfand zu besitzen glaubt. Der Richter aber verweigert eine definitive Entscheidung, welches der „richtige" Ring ist. Mehr noch: Er erkennt grundsätzlich eine hinterrücks wirkende, „zweitweltliche" Magie eines

Schmuckgegenstandes und Bindungssymbols nicht an. Stattdessen fordert er die *geheime Kraft* in den Vordergrund des Faktischen: Jeder der drei solle *danach streben*, durch sein eigenes Handeln *die Kraft des Steins in seinem Ring an Tag zu legen.* (Lessing 1967(2), 534) Die Vaterliebe soll respektvolles, menschliches Leben generieren – damit erübrigen sich angemaßte Prärogative.

In einer theoretischen Streitschrift formuliert Lessing in ähnlichem Sinne:
Nicht die Wahrheit, in deren Besitz irgendein Mensch ist oder zu sein vermeinet, sondern die aufrichtige Mühe, die er angewandt hat, hinter die Wahrheit zu kommen, macht den Wert des Menschen. Denn nicht durch den Besitz, sondern durch die Nachforschung der Wahrheit erweitern sich seine Kräfte, worin allein seine immer wachsende Vollkommenheit bestehet. (…) Die reine Wahrheit ist ja doch nur für (Gott) allein! (Lessing 1967(3), 321f.)

Das dem Menschen Gemäße ist das Sich-selbst Ausüben als Gemeinschafts- und Geistwesen. In solcher endlich-unendlicher Lebens„praxis" kann er Glückseligkeit gewinnen – nicht eine überhöhte Vollendung, sondern *immer wachsende Vollkommenheit.*

Auch dies könnte man als (aufklärerische) Paraphrase von Aristoteles lesen.

Sich lassen – Sich stellen

„Wenn es kein ewiges Leben gibt" – so wird der hier eingeschlagenen Denkrichtung die Zulassung vielleicht schon im Ansatz verwehrt –: „wenn ich nicht überzeugt sein kann, dass ich, dass meine „Seele", dass gar mein „auferstandener Leib" – nach meinem Tod oder dermaleinst in alle Ewigkeit in unfassbarer Glückseligkeit weiterlebt,

- was sind wir dann anders als gleichgültiges, schnell zertretenes Ungeziefer (– leider unter dem zynischen Fluch, uns als solches zu erleben)?
- welchem empörenden Chaos stimmt man damit widerspruchslos zu, in welcher Depravation allen geistigen Lebens ergeht man sich damit?
- wie empörend ist es, den Menschen in einer Sintflut von Leid sehenden Auges ertrinken zu lassen wie kleine Katzen in einer Wassertonne?
- wie höhnisch wischt ein solcher Zweifel jedes urmenschlichste Gerechtigkeitsbedürfnis vom Tisch: dass es einen Ausgleich geben müsse zwischen Unmenschlichkeit und Menschlichkeit, dass das Gute und das Schlechte einmal definitiv als solches anerkannt werde, dass es Hölle gebe für das Schurkische, zumindest aber Himmel für alles Leiden und Gerechte, – zumindest aber ewige Ruhe?"

Derartige Probleme haben Menschen aller Kulturen umgetrieben und sind nicht abzuweisen. Aber auch wenn man – schwer genug – von dem Gedanken absieht, dass die entschlossensten Künder eines Himmelslohns oft kriegerische, machtpolitische, finanzielle Motive hatten, mag man doch gewisse Ewigkeitsvorstellungen als einen wenig belebenden Versuch erachten, sein Heil in positiven Fixierungen zu suchen –: Gesetze der Zeitlichkeit, des Rechts, der Moral, der Psychologie usw. zu verabsolutieren und sie, wenn sie schon „hienieden" mit größten Schwierigkeiten verbunden sind, einem Jenseits aufzudrücken. Dort und dann wenigstens soll es stimmen: endgültig, ohne Ende.

Inwiefern mindert es eine am Strand auslaufende Welle, wenn sie groß oder klein ist, sich lang oder kurz in den Sand leckt, früher oder später verschwindet?

Wer wirft einem neblig nassen Herbsttag oder einem beglückenden Sommertag vor, dass er abends zu Ende geht und vorbei ist?

Was bleibt daran stimmig zu machen, dass abends auf ruhiger See die gleißende Straße schräg einfallenden Sonnenlichts eine unsagbare Pracht ist, aber absolut „unsolider" Art: der schillernde Lichtkeil führt zu mir, hört aber vor mir auf; er zeigt auf mich, aber genauso auf einen Beobachter hundert Meter neben mir; er ist lichtgesättigt und doch an jeder Stelle unstet; so großartig er ist, er löst sich schon bald ganz auf – ?

Wieso ist es dem Blick einer belebend schönen Frau zu mir abträglich, dass es „nur" ein Augenblick ist? *Schöner als die Ewigkeit sind die Augenblicke, die ewig währen.* (Volo 2013, 260)

Warum sollte eine Realität weniger gelten, weil sie nur einfach und unwiderruflich ist, was sie ist – ein achtzigjähriges Leben oder ein achtjähriges Leben, ein aufopferungsbereites soziales Handeln oder ein gemeines, gar teuflisches Handeln, lebensfördernde oder -vernichtende Umstände?

Wer will nach dem Lebensende ein Recht geltend machen gegenüber einem Erdbeben oder einem Unterdrücker, wodurch der erlittene Schaden wieder ausgeglichen würde, und vor welcher Instanz?

Liegt überhaupt das definitive Heil darin, individuell sein (vermeintliches) Recht zu bekommen – *so bar, so blank, als ob es Münze wäre?* (eigentlich kritisch auf den Anspruch auf „die Wahrheit" bezogen, in Lessing

1967(2), 529) Muss ich, kann ich, sollte ich – im Bemühen um „Gutes tun" und „rechte Gesinnung" – der Ökonom meiner „Ewigkeit" sein?

Außer durch die enorme und vielseitige Ausweitung des Geldwesens, das den Handelnden zum erfolgreichen Subjekt seiner Tätigkeit machen kann, hat die beginnende Neuzeit unsere Lebensform und unser Bewusstsein auch mit anderen Erfindungen beeinflusst, die den einzelnen Menschen zum Dreh- und Angelpunkt seines Geschickes machen. Aber wie die „moderne" Geldwirtschaft allgemeineren Wohlstand und nie gekannte Entwicklungsschübe z.B. in Technik, Wissenschaft und Kunst begünstigt, jedoch gleichzeitig Menschen und Dingen den Charakter der bloßen Ware aufzustempeln neigt, so divergent sind auch die Implikationen anderer neuzeitlicher Errungenschaften für unser Bild von uns selbst. Die anatomische Forschung erschließt die Organe und Funktionen des Körpers – zum Wohle z.B. der Medizin und der Kunst; mit der Folge einer Desillusionierung, die den Menschen als Maschine erscheinen lässt. Die Zentralperspektive entspricht einer subjektiven Weltansicht; sie verabschiedet sich von der Annahme einer allgemein verbindlichen Wahrheit der Dinge, bis hin zu deren Verschwinden als Fassade. Der Spiegel erlaubt es dem Menschen erstmals, sich selbst zu sehen und ein Bild von sich zu haben; bis das Selbst von Bildern und Spiegelungen eingesaugt ist. Das neue geographische und kosmologische Weltbild bedeutet eine ungeheure Erweiterung für den Erkennenden und (z.B. wirtschaftlich und strategisch) Handelnden; zugleich kann es dem Menschen den sicheren Boden eines allgemein plausiblen menschlichen und religiösen Selbstverständnisses entziehen.

Man kann den Eindruck gewinnen, dass unser auf das eigene Leben gerichtete Denken oft in alternativen Wertungen befangen ist und sich schnell auf jeweils eine

Seite schlägt. Zurückkehrend zu der Frage eines „ewigen" Lebens: Entweder gibt es eine Seele, die kraft ihrer besonderen Seinsweise nach dem Tod weiter „lebt"; oder zeitlebens ist der Mensch nur ein Kadaver vor dem Aussetzen einiger organischer Funktionen. Entweder ein Gott belohnt bzw. bestraft den Einzelmenschen mit ewiger Seligkeit bzw. ewiger Verdammnis; oder Menschheit, Welt und Sein sind ein sinnloser Zufall. Entweder kann mir eine Ewigkeit nach Maßgabe meines Subjektbegriffs gerecht werden; oder ich sollte sie gleich abtun als armselige Mystifikation.

Niemand ist gezwungen, eine solche „Logik" absolut zu setzen. Als Ausweg kann sich mancher mit buddhistischen Praktiken anfreunden wie etwa mit dem *ko-an,* dessen Sinn darin liegt, sich gedanklich Unvereinbarem auszusetzen. *Das Ziel der Kōan-Praxis ist die Erkenntnis der Nichtzweiheit. Die Illusion, dass die Dinge sich unterscheiden und dass das Ich eine eigene, vom Rest abgegrenzte Existenz hätte, soll sich in der Übung mit dem Kōan auflösen.* (wikipedia, „ko-an") Aber auch meditative Erfahrungen wie das folgende Erlebnis einer Nacht in der australischen Wüste eröffnen einen anderen Horizont als ein Ewigkeitskonzept auf Basis von privatistischen Soll- und Haben-Berechnungen.

Die Stille, die hier draußen herrscht, lässt sich mit nichts vergleichen, genau wie der Sternenhimmel. Wüstenstille, Wüstenhimmel. (…) Jetzt versuche ich zu sagen, was ich denke, aber es geht nicht. Ich würde gern etwas über meinen Körper sagen, darüber dass ich mir deutlicher denn je bewusst bin, dass es ihn nur ein einziges Mal gibt, dass er sich mit dem deckt, was ich „ich" nenne, doch dann stoße ich an den Rand der Wörter, über Ekstase kann man nicht sprechen. Und doch ist es etwas in der Art, ich habe noch nie so sehr existiert. Das hat nichts mit ihm zu tun oder, besser gesagt, er ist lediglich ein Teil davon, er gehört zu all dem anderen in einer Weise, wie ich nie zu meiner Umgebung gehört habe, und jetzt ist alles anders, ich bin diesem anderen gleich geworden, besser kann ich es nicht ausdrücken. (...) Ich bin der Stille gleich, dem Sand, dem Sternenhimmel, (...) ich weiß zum ersten Mal meinen Platz. Mir kann nichts mehr passieren (...), ich habe meinen Schatten eingeholt, und das ist gut. (...) Ich weiß, wenn ich gleich hinausgehe, wird nirgendwo Licht sein (...), dann gibt es nur noch zweierlei, dich selbst und all das andere, und dann macht es nichts mehr, dass du eines Tages darin verschwinden wirst, du hast alles gesehen und alles verstanden. (Noteboom 2005, 43f.)

In seinen Grenzen bei sich zu sein, indem man über sich hinauswächst, seine Stimmigkeit im Sein zu finden – zugleich Schwere und Schwerelosigkeit –, gleichsam die Verdrängung des Nicht-Seins durch sich selbst wahrzunehmen, derartige Erfahrungen sind nichts Übersinnliches, dessentwegen die Seele zuerst vom Irdischen gelöst und „in den Himmel kommen" müsste. Man überlasse sich nur getrost *jenem Gefühl vollkommener Stille, das wohl jeder kennt, und dessen Zauber im halbbewussten, stillschweigenden Belauschen der breiten Welle liegt, in der das Leben unaufhörlich um und in uns wogt.* (Turgenjew 2008, 249) Überhaupt können offenbar Meereswogen eindringlich eine Erfahrung des glückhaften Ausgleichs von gegensätzlicher Dynamik vermitteln, geradezu das Erlebnis einer wechselseitigen Aufhebung eigentlich unüberwindbarer polarer Kräfte zu einer viel größeren Gewalt.

Für einen Großwellensurfer *in der Brandung* ist alles sonst auf der Welt unerheblich, *der ganze Rest nur Mist. Das ist so ein Gefühl von Wahrhaftigkeit, ich weiß nicht, wie ich es sagen soll, so als würde auf einmal alles ... alles scharf gestellt werden. Ein Gefühl von Schönheit, von Ganzheit, von Verschmelzung mit dem Rest der Welt. Wenn die Welle einen trägt, fühlt man sich als Teil des Ganzen (...); und es ist, als bekäme alles auf einmal einen Sinn. Auf gewissen Wellen – Bergen aus Wasser, es sind richtige Berge – ist einem auf einmal alles egal. Man will nur noch wissen, wer man eigentlich ist. Nichts hat mehr Bedeutung, bis auf die Tatsache, dass man auf der Welle steht. In diesen Momenten herrscht vollkommene Harmonie, während man im Gleichgewicht zwischen Himmel und Meer schwebt, man steht beinahe still, während man in Wirklichkeit blitzschnell durch das Getöse von Wasser und Luft hindurchgleitet. Man durchquert die Welle genau an dem Punkt, wo man von den beiden Extremen gleich weit entfernt ist.* (Carofiglio 2013, 105)

– Dennoch: Der Mensch ist kein Windhauch in der nächtlichen Wüste, er wird nie zu einer Meereswelle und er gleitet nur in seltensten Ausnahmesekunden auf oder in der Superwelle. Sein Leben von Minute zu Minute und von Jahrzehnt zu Jahrzehnt geht nicht in Meditation auf. Darin kann er sich allenfalls dem Umstand ausgesetzt sehen, dass *die Zeit (…) das Negative des Sinnlichen ist.* (Hegel 1989, 239) Nur ist darum das Leben kein Einerlei und kein Nirwana.

Ein sehr früher literarischer Text, die biblische Geschichte, charakterisiert den Menschen zu Anfang mit folgenden vier Eigenarten, die unterschiedliche Beachtung gefunden haben:

Er ist nach dem Ebenbilde Gottes geschaffen. Das heißt wohl, dass der Mensch einerseits Geschöpf ist wie alle anderen zuvor geschaffenen Dinge und Wesen, andererseits aber – in welchem Maße auch immer – Eigenschaften mit Gott teilt. Man könnte sich darunter kreative, geistige Züge und eine unstillbare Ausrichtung auf ein Gegenüber vorstellen; zumal auch seine Belebung – anders als bei den zuvor erschaffenen Lebewesen – durch den göttlichen Hauch eine Sonderstellung erhält.

Obwohl Gott vor dem Menschen schon Tiere erschaffen hat, also auch zweigeschlechtliche Tiere, die sich vermehren sollen, hebt das Buch Genesis das Verhältnis Mann-Frau aus der übrigen Natur hervor. Von keinem Tier wird gesagt, es sei besser, wenn das eine Geschlecht nicht alleine sei. Und von keinem Tier wird gesagt, dass das eine Geschlecht aus der „Rippe", aus der Körpersubstanz des anderen Geschlechts geformt sei. Auch hier scheint ein „Partner"-Bezug gemeint zu sein.

Fragen der Zeit in unserem Verständnis spielen in der Schöpfungserzählung für das Erschaffene keinerlei Rolle. So mag man sich das alters- und ereignislose Dasein im Paradies nach den sieben orgiastisch kreativen Schöpfungstagen als eine Ewigkeit oder als ausdehnungslosen Anfangszustand vorstellen.

Jedenfalls gibt es in der Mitte des Paradieses zwei Bäume, den Baum des Lebens und den Baum der Erkenntnis. Beide Bäume stehen mehr oder weniger explizit im Blickfeld des Menschen und sagen etwas aus über sein Wesen. Über den Baum des Lebens (obwohl sich das ja nicht unwichtig anhört) wird kaum je ein Wort verloren. Die Erwähnung dieses Baumes scheint aber eine Grundeigenschaft der durch göttliche Schöpfung entstandenen Welt und insbesondere des Menschen zu akzentuieren: dass sich darin nämlich in einem fort Leben nährt – so wie ein Baum durch seine Wurzeln aus der Erdtiefe immer weiteres Wachstum und Erneuerung bezieht (und übrigens wieder zur Fruchtbarkeit der Erde beiträgt). Wenn Adam und Eva in der biblischen Erzählung sich auch nicht weiter mit diesem Baum des Lebens befassen, so symbolisiert er doch wohl eine unverwüstliche Lebensmitgift an Natur und Mensch.

An ebenso zentraler Stelle im Garten Eden steht der Baum der Erkenntnis. Auch durch ihn wird ein Grundprinzip des menschlichen Daseins zum Ausdruck gebracht. Wenn auch das hebräische Wort für „erkennen" die Zweitbedeutung hat, juristisch „eine Frau als seine anzuerkennen", konnte das Erkennen von „Gut und Böse" doch leicht in einem engen sexualmoralischen Sinn verstanden werden – wohl weil die

Schlange mit Verführung assoziiert wurde und Adam und Eva ihre Nacktheit „erkannten". Es ist offenbar schwierig, diese Deutung dieser Geschichte nicht einfach zu retuschieren, sich zugleich aber ihren viel fundamentaleren Kern vor Augen zu halten.

Verführung, schuldbehafteter Sex, Strafe (Vertreibung aus dem Paradies), Untaten aller Art – dann durch Christi Kreuzesopfer Rückgewinnung eines ewigen Lebens für die Gläubigen: Dieses Muster beherrschte weithin ein christliches Verständnis. Demgegenüber kann man auch unter dem Gesichtspunkt der Sexualität modernere Motive benennen, die in der Geschichte liegen mögen, wie etwa: Sexualität als Lebensmitgift im Spannungsfeld eigensten An„triebs" und zwischenmenschlicher Verantwortung („Erkenntnis von Gut und Böse"); Beischlaf als ultimative Selbst- und Partnererfahrung, Selbstpreisgabe und grenzbrechende Nähe („Sie erkannten einander"); innere Verwandtschaft von Erotik und Erkenntnis des Guten (vgl. die Stufung des Erotischen bei Platon).

Erschließender aber erscheint mir der Blick auf die Zweiheit der beiden Bäume. Unter diesem Blickwinkel kann das, was sich mit dem Baum der Erkenntnis verbindet, als Gegen- und Komplementärmotiv zur vorgegebenen unverfügbaren Lebensverwurzelung stehen. Darüber hinaus, dass sich das Leben des Menschen aus ihm nicht zugänglichen Quellen speist, eignet ihm das unausweichliche Vermögen, aus sich selbst heraus zu entscheiden und zu agieren. Er ist keine am Strand auslaufende Welle. Und wie er sich stellt: zu sich selbst, zu seinem Leben, zu seiner Welt, das kann stimmig sein oder entstellend; wie er entscheidet und wie er agiert, kann gut und falsch sein. Das Falsche besteht nicht darin, sexueller Anziehung zu folgen. Ein solches Urteil widerspräche dem Schöpfungswillen, dass Leben und Vermehrung sei auf Erden. Zum Lebensprogramm des Menschen gehört offenbar vielmehr, dass er nicht nur physisch da ist, sondern dass er eigen-mächtig wollen, urteilen und wählen kann (wie Gott selbst), – insofern aus dem Kreis der bewusstlosen Natur und einem derart charakterisierten „Paradies" heraustritt. Damit gehört er zudem insofern nicht mehr dem Paradiese an, als sein Wollen, Urteilen und tatsächliches Wählen Lebensminderung, Leid, Vernichtung bewirken kann. Das muss anders gewertet werden als die Begleiterscheinungen und Folgen des natürlichen Überlebenskampfes und tödlicher Naturereignisse. Menschliches Handeln steht vor einem Verantwortungshorizont; in der biblischen Ausdrucksweise: vor dem Horizont des „Gebotenen" und des „Verbotenen". Was soll der Sinn der „Vertreibung aus dem Paradies" sein, wenn nicht zu zeigen, dass mit dem Eigenwillen und -handeln des Menschen das fraglos Positive des „bloßen" Lebens nicht mehr das einzig Geltende ist?

Warum sollte Gott ein unverständliches Gebot aussprechen, dessen Missachtung er sicher ist, welche dann auf die Bestrafung der von ihm eingepflanzten Sexualität hinausläuft? Es macht keinen Sinn, von einer „Erbsünde" zu sprechen und von einer darauf zurückgehenden „Verdammnis", von einem Verstoßensein in eine eigentlich ungehörige, tief miserable Befindlichkeit (das menschliche Leben) und von Sterblichkeit aufgrund von Schuld. Allenfalls eine sehr kindliche Rationalität, eine regressive Psychologie kann das Entwachsen aus einer verantwortungsfreien, mütterlich geborgenen Gutheit als Strafe und Degeneration erleben.

„Vom Baum der Erkenntnis von Gut und Böse zu essen" bedeutet eher, dass der Mensch – hinzukommend und zusammenwirkend mit der Gabe des Lebens – aktiv auf sich, sein Denken und Handeln bezogen ist und dabei unweigerlich erkennbar Gutes oder Schlechtes verrichtet. Nicht nur das angeborene Verhalten (wie das Dämme-Bauen der Biber), sondern auch das Zu-Tuende bzw. Nicht-zu-Tuende ist sein Lebenselement.

Seine Fähigkeit zu wählen ist offenbar ein Ausdruck seiner „Gottebenbildlichkeit", auch wenn einem vor deren Realisation zutiefst bange werden kann (worauf Mephisto in Goethes ›Faust‹ höhnisch hinweist). In der Formulierung der Theologie: Gott will einen freien Menschen.

Dass nun die Freiheit und ihre oft betrüblichen, oft himmelschreienden Auswüchse ein ewiges Nach-Leben denknotwendig machen (wofern man einen für diese Ewigkeit dann zuständigen guten Gott voraussetzt), scheint zweifelhaft. Was wäre das für eine Vorstellung von Gottes Güte, Gerechtigkeit und Liebe, die manche Menschen „auf Erden" ein zufälliges Glück und Vorteile jeglicher Art auf Kosten so vieler Anderer finden lässt, aber der Mehrzahl der Menschen Leid und Unterdrückung zumutet – um diese Ungerechtigkeit dann „im Himmel" auszugleichen? Wo steht geschrieben, dass „Liebe" – sofern man dieses menschliche Konzept auf einen Gott übertragen will – die Menschen kummerlos macht? Auch dass Gott „gut" sei, kann ja offensichtlich nicht so verstanden werden, dass er seiner Schöpfung Ungleichheit, Krankheit, Kampf, Not, Desaster erspart hätte – auch „vor", auch unabhängig von menschengemachter Unzulänglichkeit und Barbarei. Wenn man annimmt, dass Gott sich offenbart in der von ihm geschaffenen Welt und in den religiösen Traditionen wie z.B. der Bibel: Buchhalterische „Gerechtigkeit" im menschlichen Sinne spricht aus beidem nicht! Sie spräche auch kaum daraus, dass Gott am Ende eine Schlussabrechnung und reinen Tisch machte: so rein der Tisch dann scheinbar wäre, so unrein bliebe er doch „auf ewig" aufgrund der Zulassung unseres tatsächlichen Lebens: des einzigen, das wir haben; des einzigen übrigens, das die Kriterien dessen erfüllt, was wir überhaupt als „Leben" bezeichnen (etwa Bewegung und Entwicklung – in einer überzeitlichen Ewigkeit?).

Auf ein „Jenseits", auf einen „Gott" bezogen können menschliche Begriffe nur Chiffren sein. Sie lösen Assoziationen aus, sie aktivieren Bedeutungsvalenzen. Sie können jedoch nicht ein unsagbar Jenseitiges, Anderes, grenzenlos Großes „wiedergeben" – nicht einmal im metaphorischen Sinne: Es gibt keinen klaren Vergleichspunkt, der sowohl auf das uns Erfahrbare zutrifft als auch auf dies Unsagbare, Übergroße. So macht es keinen Sinn, auf einen „gerechten" Ausgleich zu spekulieren, z.B. auch in Bezug auf Belohnung und Bestrafung der Seelen, die in ein ewiges Leben übergegangen sind. Gelebte Menschlichkeit „ist" – von keiner Zeitlichkeit zerfressen –, was sie ist. Ethisch indifferentes Leiden ist, was es ist. Schuldhaftes Leben kommt nicht und nimmer aus der Welt, auch nicht durch nachträgliche überweltliche Strafe, sondern bleibt eben dies (und das ist sein „Fluch").

Zeitliche Begrenzung, Endlichkeit, Tod können geradezu als andre Seite der Medaille, mehr noch: als Verifikation dieses (unzeitlich) „Bleibenden", Seienden gesehen werden. In der Textvorlage eines (an Hofmannsthal angelehnten) ungedruckten „Jedermann"-Spieles fand ich diesen abschließenden Dialog zwischen Jedermann und dem Tod, gegen den sich jener sträubt (anfangs wendet er sich an Gott):

> Jedermann:
> *O Gott, in deiner Schöpfung ist nichts Gräulicheres,*
> *nichts Scheußlicheres, nichts Schändlicheres,*
> *nichts Ungerechteres als dieses Scheusal!*
> *Der Tod betrübt und zerstört dir dein ganzes*
>   *irdisches Reich!*
> *Richte, Herr, richte über den falschen Richter!*
> *(zum Tod:)*
> *Wo bist du, Tod? Warum zu mir?*
> *Bleib, wo du bist! Was willst du hier?*
> *Wieso hast du im Leben Rechte?*
> *– willst doch für jedermann das Schlechte!*
> *Was ist in dieser Welt dein Trachten,*

wenn du nur Hass kennst und Verachten?
Was eigentlich ist das, was du bist?
Woher du kommst? Was dein Ursprung ist?

Tod:
Du fragst, was ich bin. – Etwas und Nichts!
Etwas: des Lebens Ende, des Nichtseins Anfang.
Nichts, denn ich habe kein Leben noch Wesen,
nicht Gestalt noch Geist,
bin nicht sichtbar, bin nicht greifbar. –
Du fragst, wieso es mich gibt, woher ich komme.
Ich komme aus dem Paradies.
Da schuf mich Gott
und nannte mich bei meinem Namen.

Jedermann:
Du kämest aus dem Paradies?
Gott hätte dich geschaffen?

Tod:
Sein Wort war's, das mich schuf!
Hast du es nicht gelesen?
Weißt du es nicht?

Jedermann:
Sein Wort ...?

Tod:
„Am Tage, da du davon issest,
musst du Todes sterben."
Und da ihr's tatet,
erfüllte sich sein Wort und ich war da.

Jedermann:
Wie ...?
Tod:
Du hattest das vergessen, dass es im Buche steht?

Gott der Herr ließ aus dem Erdboden allerlei
                          Bäume sprießen,
lieblich zum Anschauen
und gut zur Nahrung;
in der Mitte des Gartens aber zwei besondere Bäume:
den Baum des Lebens und den Baum der Erkenntnis
                          von Gut und Böse.
Sich nährend von den anderen Bäumen
konnte der Mensch einfach hin leben.
Die Frucht des zweiten Baumes aber war ihm
                          das Erkennen:

Dass es zweierlei gab,
dass er lebte und nicht etwa nicht lebte,
dass er selbst es war, der lebte,
dass er war, was er lebte,
und dass nichts Anderes sein Leben war:
sein Ja oder Nein,
sein Gut und Böse,
dass er ganz in der Schärfe der Entscheidung lebte,
dass sein Leben dieses Entscheidende war
und sein Leben nie etwas Anderes
als seine Lebensentscheidung sein werde.
Darum hieß „die Frucht des Baumes essen":
Erkennen, Urteil, Lebensgericht.
Leben war das Entscheidende,
Entscheidung, die galt –
nicht ewig weiter machen,
nicht ewig umdisponieren können.
Das Ja war, was es war: Ja,
und das Nein wirklich Nein –
nicht Nichts, nichts Gleichgültiges, es galt.
Und die Erfahrung dieses Entscheidenden
hieß Mühsal, Schmerz, Tod,
als der Mensch sein Leben jetzt erkannt hatte
und nicht mehr einfach hin leben konnte,
als er vom Baum der Erkenntnis gegessen hatte.

Der Impuls jenes zweiten, berühmteren Paradies-Baumes richtet sich auf das Erkennen, Sich-Stellen, auf das geistige Entscheiden und Sich-Zuordnen, auf das An-Denken und An-Nehmen des Übergroßen, das „ist". Nicht ein ausgleichendes Nachliefern des menschlich als gerecht Angesehenen in einer Ewigkeit „löst" Leid und Schuld, sondern die existenzielle Ausrichtung auf die „Nähe", auf die längst allumfassende Wirklichkeit dessen, was ist und woraus es ist; deren „Gut"heit sich menschlichem Urteil entzieht, die für uns allenfalls in ihrer unfassbaren, Sein entfaltenden Größe liegt.

Viele Religionen lassen erahnen und vielleicht auch erfahren, dass für den Menschen in solcher Ausrichtung auf Gottes Allheit am nachhaltigsten „Selbstfindung", Aufgehobenheit, heilsame Ruhe möglich ist. Darin kann er sich dem Übergroß-Stimmigen einer unbändig gehobenen Meereswoge und einer sonnenbeschienenen am Strand auslaufenden Welle verwandt fühlen.

Ein „ewiges Leben" nach dem physischen Tod nicht als Ausgleich für konkrete individuelle Schuld fungieren zu lassen, bedeutet keineswegs, diese zu ignorieren oder achselzuckend darüber hinwegzugehen – nach dem Motto: Die Welt ist nun einmal nicht gerecht und friedlich, wie auf physischer, so auf moralischer Ebene.

Vom Neid hat man als von der Todsünde gesprochen, die den Beneideten ebenso schädigt wie den Neider. In einem weiteren Sinne scheint mir dies für alles schuldhafte Verhalten zu gelten. Nicht nur dürfte ein Betrüger, ein Mörder, ein Ausbeuter, ein Tyrann sich eben nicht dauerhaft und zutiefst als Glücklichen empfinden und wissen. Seine Untaten „sind" auch in einem weiteren Sinne, was sie sind. Der Täter hat sie zur Realität gemacht. Seine Person ist unleugbar und unabweisbar diejenige, die dieses Unrecht begangen hat und sich selbst damit abträglich geworden ist. Sie „ist" ein Stück Schlechtigkeit der Welt – nicht vergleichbar mit einem Erdbeben oder den Raubzügen eines Marders. Der Täter hat vom Baum der Erkenntnis von Gut und Böse gegessen. Er hat sich zu seiner Tat entschieden. Sie ist ihm zuzurechnen. Er hat sie ins Werk gesetzt. In einem Kern kann keine Ideologie den Massenmörder maskieren, keine Psychologie eine Erniedrigung weg-erklären, kein Gewinn den Finanzjongleur schminken, kein Gewohnheitsrecht ein Leben auf Kosten Anderer neutralisieren. Wie es Darstellungen vom Jüngsten Gericht manchmal sichtbar machen: Die Bosheit ist im Erkennen „auf ewig" zum Gesicht des Täters geworden – ebenso wie Fürsorge, Hilfe, Liebe, Wohltun untilgbar die Welt zu dem gemacht haben, was sie im Positiven ist, und zum „Gesicht" dieser Menschen geworden sind. Der Mensch hat, weil er Mensch ist, nicht die Möglichkeit, sich nicht zu stellen. Natürlich gilt das im Großen und im Kleinen und in allen Zwischenbereichen und insbesondere für alle Stufen der Selbsteinsicht, des Schuldbewusstseins, der Verhaltensänderung etc.

Wenn Religionen natürliche und menschengemachte Katastrophen – Unwetter ebenso wie Kriege – als Strafe der Götter für eigene Verfehlungen verstanden, wenn sie Gottwohlgefälligkeit als Bedingung für ein erfreuliches Leben ansahen, heißt das ja nichts anderes, als dass sie sich selbstverständlich der Lebensbedeutsamkeit ihrer inneren Einstellung und ihres moralischen Handelns bewusst waren. Leben und verantwortlich leben sind nicht zweierlei. Wer sich darüber hinweg lügt, hat sich nicht von Zwang und Verdummung befreit. Er düngt gleichsam in sich die Illusion von mehr eigenem Leben an und kann doch letztlich der Offensichtlichkeit nichts entgegensetzen, dass er Leben mindert, dass er in das Gesamt-„Bild" des Seins mehr Schwarzes, mehr Totes einträgt. Nicht mehr und nicht weniger. Eine wie immer bemessene „Höllenstrafe" würde da nichts aufhellen oder lebensvoller machen.

Es würde aber auch nichts aufhellen oder lebensvoller machen, wenn es jemandem, der sich entschieden seiner Verantwortung stellt, im Himmel vergolten würde. Die Mutter, die ein behindertes Kind geboren hat und von Säuglingszeit an ihr ganzes Leben lang unter nicht ausdrückbarem Kummer liebend um dieses Kind besorgt ist, erstrebt damit sicher nicht ein künftiges „ewiges Leben", das von eben diesem Kind mit seiner Behinderung und von den damit verbundenen extremen inneren und äußeren Belastungen befreit ist. Wahrscheinlich empfände sie es als Hohn, wenn man sie mit himmlischem Lohn zu trösten versuchte. Sie liebt dieses ihr jetzt lebende Kind, kein anderes, womöglich zu einem puren Seelenleben verwandeltes, und tut alles ihr Mögliche, damit dieses Kind leben kann: unauslöschliche Lebensmehrung – auch hier: nicht mehr und nicht weniger.

Angesichts dieser Wirklichkeit dürfte man mit triftigem Bewusstsein und geschärftem Verantwortungsgefühl leben und gerade nicht „fünf gerade sein lassen". Diese Neigung dürfte eher korrespondieren mit Lehren von einem Aufenthalt im Himmel oder in der Hölle in der späteren „Ewigkeit": Wie leicht fühlt man sich einstweilen noch sehr entfernt davon – „was habe ich damit zu tun?" Oder man hält dies ohnehin für Ammenmärchen. Und schließlich scheint es ja abwegig, in einer Vorsehung den Inbegriff von Gerechtigkeit zu sehen, die den Großteil der Menschen darben lässt und nachher im Himmel tröstet. Dies zu propagieren, ist wohl wirklich das Quietiv, gegen das sich Friedrich Engels empörte, und es aktiviert sicher nicht primär moralisches Handeln.

Glücklicherweise ist es einfacher, das Ganze eines guten, menschlichen Verhaltens zu fühlen und zu erkennen (und nicht erst dann die gute Sache als „korrekt erledigt" anzusehen, wenn man und weil man im ewigen Leben dafür belohnt wird): Einem Anderen wohl zu tun, ist angenehm; Schenken macht Freude; freundliche Worte machen die Welt schön. Liebenden käme es abgeschmackt oder lächerlich vor, für ihre Nähe, Zugewandtheit, Kooperation, Toleranz usw. himmlische Belohnung zu erwarten. Was ihre Liebe ist und was sie wert ist, ist sie jetzt und in der Zeit, nicht in einer späteren „Ewigkeit". Was ist, was wir leben, wird nicht verbessert durch ein Nachspiel nach dem Leben.

All dies angenommen, bleibt die Frage, wie man – jenseits von Schuld und Verdienst – das Leiden der Menschen verstehen soll. Kranke, Verstümmelte, im Todeskampf Liegende kommen in Darstellungen des Jüngsten Gerichts meist nicht gerade an prominenter Stelle vor. Ihr Leid hat keine moralische Qualität, der mit Lohn oder Strafe Rechnung getragen werden könnte. Ebenso scheint ganz alltägliches Leben, überhaupt das meiste unseres normalen Lebens – Essen, Schlafen, Arbeit, Kommunikation aller Art, Erholung etc. – keinerlei Rolle mehr in Bildern eines Lebens nach dem Tod zu spielen. Ein Ewigkeitspostulat ist wohl allzu sehr fixiert auf einen „Zahlungsausgleich", auf Seligkeitsgewinn für gute Taten und Glücksverlust für Verfehlungen. Natürlich entspricht das einem menschlichen Gerechtigkeitsbedürfnis, jedem müsse „das Seine" zukommen. Wieso aber soll es dem Behinderten oder dem Trauernden zukommen, sein Schicksal zu erleiden, um in einem danach einsetzenden ewigen Leben eine Kompensation zu erfahren? Wäre das nicht ein frivoles Spiel mit Leid (das seitens des Betroffenen nichts mit irgendwelcher eigenen Entscheidung zu tun hat) und später Wiedergutmachung?

Kann man sich nicht eher in den Gedanken hineinfinden, dass die Welt, dass das menschliche Leben so ungeheuerlich ist und einfach alle menschlichen Dimensionen übersteigt? Dass es sich auch auf eine andere Art, auf einer anderen Ebene abspielt als der uns offenkundig vorgegebenen? Dass wir nicht gerade hellsichtig sind, wenn wir auf dem beschränkten Gesichtskreis einer *Kultur des nichts als...* bestehen (Viktor Frankl wurde durch kernphysikalische Forschung zu dieser Kritik inspiriert)? Dass in dem Übersteigenden *jedes* Leben seinen untilgbaren Platz und Wert hat? Dass die Zeitlichkeit nur diese Sicht verstellt, mit dem Tod aber diese Schranke und aller Mangel abfällt? Dass nämlich das unzeitliche Sein uns und alles ganz und gar erfüllt?

Sicherlich ist der Grat schmal zwischen dem Versuch, sich mit solchen Hintergründen des Lebens zu konfrontieren, und sozialer Rücksichtslosigkeit um der eigenen ignoranten Beruhigung willen. So klingt die folgende Passage aus einem Märchen von Oscar Wilde, in dem ›Der glückliche Prinz‹ (zur Statue *hoch über der Stadt* marmorfiziert) um die Not der Menschen „bekümmert" ist, in ihrem Tonfall nach süßlicher Empathie:

„Kein Geheimnis ist so groß als das Elend", sagt er zu einer Schwalbe, die sich auf ihm niedergelassen hat. *„Liebe, kleine Schwalbe, (...) du erzählst mir von wunderbaren Dingen, aber wunderbarer als alles ist das Leiden von Männern und Frauen (...). Fliege über meine Stadt und erzähle mir, was du dort siehst."*

Da flog nun die Schwalbe über die große Stadt und sah, wie sich die Reichen in ihren schönen Häusern belustigten, während die Bettler an den Toren saßen. Sie flog in die dunklen Gassen und sah die blassen Gesichter verhungernder Kinder gleichgültig auf die schwarze Straße starren. Unter einem Brückenbogen lagen zwei kleine Knaben aneinander geschmiegt und versuchten sich warm zu halten. „Wie hungrig wir sind!", sagten sie. „Ihr dürft hier nicht liegen", rief der Wächter, und sie wanderten hinaus in den Regen. (...)

Dann flog sie zurück und erzählte dem Prinzen, was sie gesehen hatte. (Wilde 2012, 97) Der Prinz belässt es beim Bekümmert-Sein, denn er ist ja im Grunde „ein glücklicher Prinz" – wie wir alle wohl auch dazu neigen, uns mit einem „Es wird schon so schlimm nicht sein, es wird sich alles zum Guten wenden" zufriedenzugeben. Natürlich kann das lebensstark sein; weithin scheint es aber als spießige Selbstnarkotisierung zu fungieren. Man vermeidet nicht nur gern die Wahrnehmung von Not und Elend, sondern löst sie leicht auch in selbstbestätigender Sensibilität auf und täuscht sich – aus der Sicherheit „geordneter" oder sogar gehobener Verhältnisse heraus – über seinen eigenen Schuldanteil hinweg.

Im Verlauf seines Romans ›Auferstehung‹ lässt Tolstoi seinen Helden Nechljudow dessen zunächst selbstverständlichen Adelsdünkel überwinden:

Man nimmt gewöhnlich an, dass ein Dieb, ein Mörder, eine Prostituierte ihre Profession für unsittlich halten und sich ihrer schämen müssen. Gerade das Gegenteil ist der Fall. Leute, die durch das Schicksal sowie durch ihre eigenen Fehler und Irrtümer in eine gewisse Lage versetzt sind, bilden sich, so sehr diese Lage auch mit Recht und Sitte im Widerspruch stehen mag, doch eine solche Gesamtauffassung vom Leben, bei der ihre eigene Lage ihnen als gut und achtungswert erscheint. (...) Wir wundern uns darüber, dass ein Dieb sich seiner Gewandtheit, eine Prostituierte sich ihrer Lasterhaftigkeit, ein Mörder sich seiner Grausamkeit rühmt. Doch wir wundern uns nur deshalb darüber, weil der Kreis dieser Leute beschränkt ist, und vor allem, weil wir selbst außerhalb dieses Kreises stehen. Aber begegnen wir nicht derselben Erscheinung unter den reichen Leuten, die sich ihres Reichtums rühmen, oder unter den Heerführern, die mit ihren Siegen prahlen? Wenn wir diese Begriffe, die diese Leute vom Leben, vom Guten und Bösen haben, nicht für verkehrt ansehen, so hat dies einzig darin seinen Grund, dass der Kreis der Leute mit solchen Begriffen größer ist und dass wir selbst zu diesem gehören. (Tolstoi o.J., 181)

Der Versuch, Leid auf einer anderen seelischen Ebene, in einem abgründigeren Zusammenhang zu akzeptieren, hat indes mit Dickfelligkeit und Saturiertheit nichts zu tun. Er spürt einer untergründigen „Lust am Sein" nach, die allem, was ist, gleichsam wesensgleich mit seinem „bloßen" Sein innewohnt: eben auch dem Kranken, Leidenden, Untergehenden. Wie das Herrlichste und Gelingendste teilt auch das Lebensgeminderte diese Lust am Sein. Diese Lust ist nicht gleichzusetzen mit Wohlergehen, positiven Gefühlen, einfachem Klarkommen. Ihr Gegenteil wäre das namenlose Grauen vor dem Nicht-Sein. Doch auch das Stückwerk, das Misslingende, das in seiner Entfaltung Abgewürgte (dies alles Wertungen unserer oberflächlichen Alltagsnorm) ist Bestandteil des *tumultuösen Festes* des Seins. (Mann 1974(2), 274 – dort allerdings in anderem Zusammenhang) Es versinkt keineswegs auf die Seite des Nichts, sondern ist wie Alles einbezogen in das, was ist; es ist eingebeugt ins Sein. Denn Sein ist Bezüglichkeit: des Einen zum Anderen; des Einzelnen zu Allem; all dessen, was ist, zu dem, wodurch es ist.

Priester, Philosophen und Dichter aller Kulturen haben ihre Formulierungen für diese Allbezogenheit gefunden. In einem für uns kaum konkretisierbaren Sinne wurden bereits in den frühen Veden aus dem zweiten Jahrtausend v. Chr. alle Lebensvollzüge als „Opfer", als Darbringung verstanden: Alles in Natur und Menschheit wird bezogen auf ein Umfassendes, Höheres. Das Wort „Religion" bedeutet ja selbst „An-, Rückbindung". Und wenn man sich nicht primär von verschiedenen historischen Realisationsformen enttäuschen lässt, rückt immerhin ins Blickfeld, dass die Religionen die Einbindung in den Grundbestand allen Seins erfahrbar und vollziehbar machen. Auf dieser fundamentalen Ebene „gilt" beschädigtes Leben nicht anders als ein zufriedenstellendes oder privilegiertes Lebensschicksal. Die Last des Erdenlebens muss nicht erträglich gemacht werden durch die Annahme nachfolgender ewiger Seligkeit.

Wie viele Andere scheint etwa Martin Luther damit nicht recht einverstanden: *Wo du in dem Glauben bist, dass nach diesem Leben kein anderes sei, so wollte ich auch um deinen Gott nicht einen Pfifferling geben.*

(Luther 2012, 110) Das könnte man so verstehen, als sei ein ewiges Leben nach dem „hiesigen" Lebensende der Lohn für den rechten Glauben; als gebe es zwei Leben, das Anspar- und das Nutznießerleben.

Einer solchen Abfolge und Aufspaltung können hier nur abstrakte Worte wie „das Sein", „das Umfassende", „das Übersteigende" u.a.m. gegenübergestellt werden: nicht zur Vortäuschung tieferer Geistigkeit und nicht im Sinne eines ontologischen Theorems, sondern aus einer unüberwindbaren Verlegenheit, gleichsam aus einer Blendung – immerhin einem „überlebendigen" Licht gegenüber. Allenfalls versuchsweise könnte man sich das nicht klar begreifbare „In-Eins des Unterschiedenen" oder die „Mehrdimensionalität" des Menschenlebens mit konkreteren Bildern tendenziell näherbringen:

Hilft es, sich das Leben wie den Aufenthalt in einem Raumschiff oder U-Boot vorzustellen? Die Insassen kennen den Innenraum und seine Begrenztheit. Zugleich können sie sich klar machen, dass die Grenzen nur die andere Seite des unendlichen Elements sind, in dem sie sich befinden und in dem sie getragen werden?

Ist unsere perspektivische Einschränkung vergleichbar mit einem Filmschauspieler, der auf seine Szene wartet und nicht weiß, dass er dabei gefilmt wird, weil es in dem Film gerade um einen auf sein Take wartenden Schauspieler geht? Was subjektiv flach oder sinnlos erscheinen mag, steht tatsächlich in einem konstruktiven Kontext.

Oder kann der Vergleich zwischen dem gespannten Lesen eines Romans und dem Bild, das man nach abgeschlossener Lektüre davon hat, das Verhältnis von begrenzter Lebenszeit und bleibendem Leben erhellen – da doch die Handlung nach der letzten Seite nicht weitergeht, aber ja auch kein Element des „Geschehenen" verloren ist und andrerseits das Ganze nichts anderes ist als eben die Komposition dieser Einzelelemente?

Naturgemäß hinken diese Vergleiche. Aber auch der hier immer wieder eingeschlagene Weg, anstelle solcher Hilfsvorstellungen für einen Tiefengehalt im Vordergründigen zu sensibilisieren, stellt nicht schnurstracks zufrieden. Man wird in geeigneter Situation und Disposition damit zufrieden sein, seine Arbeit zu verrichten, sich in seinem Lebensumfeld, unter seinen Mitmenschen wohlzufühlen, Musik zu hören, Berge oder das Meer zu betrachten. Glücklicherweise wird man darin auch oft aufgehen, dies als sein wirkliches Leben spüren und dabei nicht dauernd irritiert sein durch die Unruhe „Ja, so ist das jetzt, aber was kommt dann mal Richtiges?" Die Lebensvollzüge können ja ihre volle Wertigkeit in sich haben – so auch das Pflanzen eines Apfelbäumchens, das Martin Luther selbst für den Fall vorschlug, dass am Folgetag die Welt untergehen sollte. Aber man ist nicht immer positiv von dem augenblicklichen Konkreten absorbiert (das ja im positiven Fall gerade seinen Vergänglichkeitscharakter verlieren kann). Das Vergangene und das Künftige treten ins Blickfeld, und im Bewusstsein der Sterblichkeit lassen sich Sorge und Zweifel einfach nicht abweisen: Was ist dann mit mir, wenn ich gestorben bin? Bin ich dann nichts, ist da dann nichts? Was habe ich von abstrakten Floskeln, von gelehrter Subjektivismuskritik, von bildlichen Hilfsvorstellungen und von der Erinnerung an schöne Momente? So zu tun, als sei dies etwas Grund-Heilsames, heißt doch, sich am eigenen Erlöserschopf aus dem Sumpf ziehen zu wollen. Der „umfangende" Weltraum, ob ich ihn realisiere oder nicht, ändert nichts an den Mängeln, die das Leben im Raumschiff bestimmen. Er ändert nichts an dessen Endlichkeit und schon gar nichts an meinem sicheren Tod.

Aus dieser Not erklärt sich sehr naheliegend das Wunschbild einer ewigen Seligkeit nach dem Tod. Doch dies kann zu einem fragwürdigen Vorsorgekonzept und gerade zu der trügerischen Selbsttherapie werden, die man angesichts dieser quälenden Fragen vermeiden wollte. – Der Blick des Lebenden auf seinen unausweichlichen Tod könnte ihn belehren, dass er seine Zeitrechnung nicht fortschreiben kann. Wenn man an das (eigene, nahe) Sterben denkt, wenn man an die offene Schnittstelle seiner Existenz gestoßen wird, wenn panische Todesangst aufschießt, können offenbar Gefühle des freien Falls ins leere Schwarze, aber auch eines höheren Aufgehobenseins („in Abrahams Schoß", „Ruhe") überwiegen oder ineinander verflochten sein. Womöglich sind es zwei Seiten einer Medaille. Aber aktiviert diese Grenzerfahrung allen existenziellen Ernstes den Gedanken, „danach" irgendwo irgendwie irgendetwas immer weiter zu erleben oder zu tun? So sehr im Sterben, in der Agonie des nun unausweichlichen Todes die Endlichkeit ihre Macht ausspielt, so restlos hat das Endliche damit auch alles verspielt, so gelöst haben sich alle zeitlichen Lebensstränge, um endlich alles sein zu lassen, was ist und wie es ist.

Dass mit seinem Tod der „Schleier der Bedingtheit" falle, kann nicht heißen, dass der Mensch dann eben eine unverschleierte Sicht gewänne. Er erlebt sich wohl eben nicht in einem neuen Zustand als angenehm frei: ohne Schleier. Nur in seinem Leben kann er „erleben"; z.B. dass ihn Gesetze des formalen, moralischen und urteilenden Denkens binden – andererseits aber auch, dass diese gleichsam über das „Wirkliche" gelegt sind wie eine Glasur um eine Frucht oder eine hauchdünne Glasschicht über ein wertvolles Präparat. Denn er kann – um im Bild zu bleiben – stellenweise Risse und Sprünge, vielleicht abgeblätterte Stellen in dieser feinen gläsernen Hülle entdecken, er kann sie als solche identifizieren. Insofern kann er die Bindung seiner Sicht an die Folie bloß lebenspraktischer Kategorien tendenziell überwinden und zumindest die Möglichkeit eines Bezuges zu dem „Eigentlichen", Nicht-Eingehüllten realisieren – so wie Malte Laurids Brigge (wohl etwas dandyhaft) den *unglaublich langweiligen Stoff*, mit dem man in den Sommerferien die Salonmöbel *überzogen* hat, eben als solchen, als Decke über dem Verdeckten ansprechen konnte.

Natürlich sind dies nur sprachliche Tast-Versuche für Erfahrungen des „Befreit"-Seins, des „Richtig"-Seins, die schon mehrfach zur Sprache kamen (z.B. in Natur, Musik, Meditation). Alles „übermäßig" Schöne, Gelungene, Beglückende, aber auch das Maßlose von Raum und Zeit, von kosmischen Raumstrudeln und den Tiefen der Äonen, sinnlos Gewaltiges, Schreckliches, Lächerliches, das keiner menschlichen Auffassung angemessen ist, all dies kann nichtsdestoweniger eine schlummernde Instanz höheren Wertes in uns wecken, eine Kraft einer – trotz allem – unverwüstlichen Andersheit. Das Chaotische, das Desaströse, das Bedingte – darin gehe ich nicht auf. Die unsagbar vitalisierende Erfahrung an diesen „Riss-Stellen" des Normgemäßen lautet: Mit dem Menschen und der Welt ist es grenzenlos mehr als alles Menschengemachte und Menschengedachte. – Weiter reicht unsere Vorstellungsmöglichkeit nicht.

Endlichkeit und Tod mögen Weltuntergangsbilder provozieren. Doch es kann auch befreiend sein, darin gleichsam das Zerfallen eines bloßen verkrusteten Lack-Films zu erleben, weil darunter ein Größeres triumphiert, dem der Mensch verbunden ist. Zeitlebens hatte er sein Sehnsuchts- und Heilsbild, er hat sich – wie auch immer – auf ein Größeres, Umfassenderes bezogen. Dies ist der perfekte Tatbestand. Seine Projektionen von Glückseligkeit waren relativ. Nun, mit dem Abstreifen der Zeit, hat das, was er war, selbst ungebrochene, ungeteilte Seinsqualität. Das Gewesene verliert den Schein-Charakter des Ephemeren. Die erste große Liebe *war* dann nicht in kaum noch nachfühlbaren Jugendzeiten: dass sie passè wäre, verliert jegliche Bedeutung; ihre Wärme und ihr Glanz spotten allem

Schwinden; – wie aber auch jeder Verlust, jedes Scheitern und alles Alltägliche fest in das überzeitliche Sein eingeschrieben sind. Die Lebenszeit, die geschichtliche Zeit, die kosmische Zeit, der Zeitlichkeit entleert, das ist die Wirklichkeit – nicht als mittlerweile unlesbarer Palimpsest, nicht als Versteinerung, sondern in grenzenloser Aktualität. – Die Frage „Was ist dann mit mir?" müsste unter diesem Horizont überschrieben werden mit „Was *ist* (jetzt) mit mir?".

Unsichtbar sichtbar

Johann Wolfgang Goethe fand früh außerordentliche Anerkennung bei Lesepublikum, Freunden und Gönnern. Später trug es vielleicht zu seiner verschiedentlich dokumentierten Reserviertheit im menschlichen Umgang, zu einer gelegentlich sogar als spröde empfundenen Ungefälligkeit mancher Werke, aber – als Kehrseite dessen – auch zu einer gewissen Selbststilisierung bei, dass der Fokus seines Schaffens sich als schwer mitteilbar erwies. Dichterfürst, Universalgenie, ein singulär plastischer Sprachgebrauch, seine Maxime der Persönlichkeitsentfaltung – diese und mehr Auszeichnungen berühren allenfalls von außen das Zentrum seiner immer ausgeprägteren Lebensausrichtung.

Natürlich wusste er, dass diese nicht deskriptiv, nicht in Begriffen darlegbar ist. Um an sie heranzuführen, bedarf es einer mehrdeutigen, sogar widersprüchlichen Verwendung von Sprache. *Dass ein Wort nicht einfach gelte, das müsste sich wohl von selbst verstehen.* (Goethe 1982(2), 25) Das bezieht sich sogar auf heilige Worte. *Im Anfang war das Wort*, schlägt Faust im gleichnamigen Drama im „Urtext" nach. Aber was heißt das?

Geschrieben steht: „Im Anfang war das Wort!"
Hier stock' ich schon! Wer hilft mir weiter fort?
Ich kann das Wort so hoch unmöglich schätzen,
Ich muss es anders übersetzen,
Wenn ich vom Geiste recht erleuchtet bin.
Geschrieben steht: Im Anfang war der Sinn.
Bedenke wohl die erste Zeile,
Dass deine Feder sich nicht übereile!
Ist es der Sinn, der alles wirkt und schafft?
Es sollte stehn: Im Anfang war die Kraft!
Doch, auch indem ich dieses niederschreibe,
Schon warnt mich was, dass ich dabei nicht bleibe.
(…) (Goethe 1982 (3), 44)

Später fragt Gretchen ihren Geliebten, wie er es mit der Religion halte. Faust holt zu schwelgerischen Erklärungsversuchen aus:

Mein Liebchen, wer darf sagen:
Ich glaub' an Gott? (…)
Wer darf ihn nennen?
Und wer bekennen:
Ich glaub' ihn.
Wer empfinden,
Und sich unterwinden
Zu sagen: ich glaub' ihn nicht?
Der Allumfasser,
Der Allerhalter,
Fasst und erhält er nicht
Dich, mich, sich selbst?
Wölbt sich der Himmel nicht dadroben?
Liegt die Erde nicht hierunten fest?
Und steigen freundlich blickend
Ewige Sterne nicht herauf?
Schau ich nicht Aug' in Auge dir,
Und drängt nicht alles
Nach Haupt und Herzen dir,
Und webt in ewigem Geheimnis
Unsichtbar sichtbar neben dir?
Erfüll davon dein Herz, so groß es ist,
Und wenn du ganz in dem Gefühle selig bist,
Nenn es dann, wie du willst,
Nenn's Glück! Herz! Liebe! Gott!
Ich habe keinen Namen
Dafür! Gefühl ist alles;
Name ist Schall und Rauch,
Umnebelnd Himmelsglut. (ebd., 109f.)

Und obwohl Gretchen diese Reden nicht in Widerspruch zu der erlernten christlichen Lehre sieht, argwöhnt sie doch, dass sie für Faust etwas Anderes bedeuten:

Ungefähr sagt das der Pfarrer auch,
Nur mit ein bisschen andern Worten. (…)

Steht aber doch immer schief darum;
Denn du hast kein Christentum. (ebd., 110)

Dennoch ist Goethe nicht Sprachskeptiker, sondern Sprachkünstler, Sprach„potenzierer", wenn auch nicht im Sinne jüngerer romantisierender Zeitgenossen. Typischerweise resigniert er gerade nicht an der Leistungsfähigkeit der Sprache – ebenso wenig, wie er an der Wahrnehmbarkeit der Wirklichkeit, insbesondere der Natur, zweifelt. So wie die Natur – den ihr gemäßen Blick vorausgesetzt – „durchsichtig" ist auf einen höheren Sinn hin und geradezu dessen Gewähr, sind geeignete Worte Zugang zum Wahren, wenn sie dies nur nicht definitiv zu fassen beanspruchen, wenn sie sich nicht in platter Fixierung selbst ersticken. Denn damit würden sie nur „verbergen" und verhindern, dass das tatsächlich Lebendige *mir ins Auge blitzt* – so die Fortsetzung des obigen Zitats:

… Dass ein Wort nicht einfach gelte,
Das müsste sich wohl von selbst verstehn.
Das Wort ist ein Fächer! Zwischen den Stäben
Blicken ein paar schöne Augen hervor.
Der Fächer ist ein lieblicher Flor,
Er verdeckt mir zwar das Gesicht,
Aber das Mädchen verbirgt er nicht,
Weil das Schönste, was sie besitzt,
Das Auge, mir ins Auge blitzt.
(Goethe 1982(2), 25)

Der Flirt mit dem Wichtigsten, was „dahinter steckt", dieses Gewahrwerden des Eigentlichsten, antwortenden Schönsten bedeutet – der tändelnden Tonlage zum Trotz – keineswegs ein leichtes Gewinnen:

Warum ist Wahrheit fern und weit?
Birgt sich hinab in tiefste Gründe?
Niemand versteht zur rechten Zeit.

Das Bedauern aber verbindet sich mit dem Hinweis, dass das Gebrechen des Entferntseins von der Wahrheit zusammenhängt mit unserer Unfähigkeit, ganz dem

Augenblicklichen zu begegnen. Wie in einem Teufelskreis scheinen wir dies mit verschrobenen Geltungsansprüchen überzukompensieren und beklagen dabei doch das gänzlich Unverhältnismäßige dieser Überziehung.

Wenn man zur rechten Zeit verstünde,
So wäre Wahrheit nah und breit,
Und wäre lieblich und gelinde. (ebd., 55)

Lässt sich dies als kritisches Muster auch auf einen Begriff „ewigen Lebens" beziehen, dessen Prärogative sich aus dem Nebulösen speist, in dem Abstraktion und kolossale Unendlichkeitsvorstellungen sich gegenseitig befeuern und Leben in Rauch aufgehen lassen? – „Hier und jetzt" zu verstehen, so Goethe, das uns vor Augen Gegebene zu uns „sprechen" zu lassen, vermeidet das Unwahre. Das Leben jetzt als Fülle, als „wahr" zu nehmen entspricht in besonderer Weise erotischem Erleben, das nicht mit prätentiösen Schablonen, sondern mit rückhaltlos bejahendem, liebendem Blick sieht. Genau das zeichnet für Suleika ihren Geliebten Hatem aus:

Kenne wohl der Männer Blicke,
Einer sagt: „Ich liebe, leide!
Ich begehre, ich verzweifle!" (…)
Alles das kann mich nicht rühren;
Aber, Hatem, deine Blicke
Geben erst dem Tage Glanz.
Denn sie sagen: „D i e gefällt mir,
Wie mir sonst nichts mag gefallen." (ebd., 65)

Wenn Goethe für einen derartigen Blick in der Dichtung Begriffe wie „Symbol" oder „Gleichnis" benutzt, will er gerade nicht die angesprochene Wirklichkeit bloß als didaktisch zu lesenden Hinweis auf eine höhere oder tiefere, irgendwie intelligible Zweitwelt verstehen. Er depotenziert das Konkrete nicht zum Träger eines Teil- oder Quasi-Gehalts im Sinne eines davon zu abstrahierenden Vergleichspunktes, der auf ein Anderes zu übertragen wäre. Vielmehr sieht sein Symbolbegriff genau im Wahrgenommenen ein Ganzes von höchstem, unüberbietbarem Wert. Der Dichter überlässt sich ihm in höchstmöglicher Unvoreingenommenheit, Hingewandtheit, Zustimmung und sieht auf diese Weise so viel mehr, als es die Eingrenzung in eigenen Kategorien vermag (vgl. das „Lieben, Leiden, Begehren, Verzweifeln" in den Männerblicken der soeben zitierten Verse). *Sich aufgeben* wird ihm zum Gewinn:

Im Grenzenlosen sich zu finden,
Wird gern der Einzelne verschwinden,
Da löst sich aller Überdruss;
Statt heißem Wünschen, wildem Wollen,
Statt läst'gem Fordern, strengem Sollen,
Sich aufzugeben ist Genuss.

(Goethe 1982 (4), 368)

Das Wirkliche mit vorgefertigten Vollkommenheitsvorstellungen zu überblenden, macht auch Auffassungen vom Paradies lächerlich.

(…) Und so werdet ihr vernehmen,
Dass der Mensch, mit sich zufrieden,
Gern sein Ich gerettet sähe,
So da droben wie hienieden.

Und mein liebes Ich bedürfte
Mancherlei Bequemlichkeiten,
Freuden, wie ich hier sie schlürfte,
Wünscht' ich auch für ew'ge Zeiten.

So gefallen schöne Gärten,
Blum' und Frucht und hübsche Kinder,
Die uns allen hier gefielen,
Auch verjüngtem Geist nicht minder. (…)

(ebd., Bd.2, 116)

Dagegen: aufgeschlossene Selbstrücknahme gibt einem viel mehr.

Nur wenig ist's, was ich verlange,
Weil eben alles mir gefällt,

Und dieses wenige, wie lange,
Gibt mir gefällig schon die Welt. (...) (ebd., 68)

Denn der dankbare Blick auf das Gegebene verliert sich eben nicht in Staub.

Ob ich Ird'sches denk' und sinne,
Das gereicht zu höherem Gewinne.
Mit dem Staube nicht der Geist zerstoben,
Dringet, in sich selbst gedrängt, nach oben.
(ebd., 10)

Das Nahe ist das Gute; das „Glück" liegt in dem, was da ist – was in seiner Umkehrung alles andere als billig ist.

Willst du immer weiter schweifen?
Sieh, das Gute liegt so nah.
Lerne nur das Glück ergreifen,
Denn das Glück ist immer da.
(Goethe 1982(4), 133)

Das aber erschließt sich wohl nur einer entsprechenden Zugangsweise und eben auch einer besonderen Sprache.

Wisset nur, dass Dichterworte
Um des Paradieses Pforte
Immer leise klopfend schweben,
um gleichnishaftes Sehen auszubilden.
sich erbittend ew'ges Leben. (Goethe 1982(2), 8)

Dichterworte, die in dichterischer Sprache gelingende symbolische Auffassung der Welt sind Hilfsmittel. *Das kann nicht mit einem Mal geschehen und nicht, indem es ausgesagt wird als Gedanke, sondern indem es als Haltung dichterische Gestalt wird. (...) Das, worauf es ankommt, ist die Entwicklung unseres inneren Organs.* (Trunz 1994, 168). Denn, so sagt Goethe selbst:

Das Wahre, mit dem Göttlichen identisch, lässt sich niemals von uns direkt erkennen. Wir schauen es nur im Abglanz, im Beispiel, im Symbol, in einzelnen und verwandten Erscheinungen. Wir werden es gewahr als unbegreifliches Leben und können dem Wunsch nicht entsagen, es dennoch zu begreifen. (zit. ebd., 167)

Wie sich dies ausprägt, wird z.B. zu Beginn von ›Faust II‹ deutlich: *Faust steht im Hochgebirge, vor Sonnenaufgang. Er erwartet die Sonne, und sie ist ihm Sinnbild des Göttlichen. Wie ersehnt er ihr Licht! Er möchte hineinfliegen, möchte es unmittelbar anschauen, all seines Glanzes teilhaftig werden. Nun erhebt sich die Sonne über die Gipfel – und er kann ihren Glanz nicht ertragen, er blendet ihm die Augen. Ist das Göttliche ihm versagt? Ist es ihm völlig unmöglich, es anzuschauen? Er muss die Blicke von der Sonne abwenden, aber eben nun fällt sein Auge auf die Landschaft. Vorher war sie dunkel und tot, jetzt ist sie voll leuchtender Farbe. Über dem Wasserfall glänzt in feuchtem Dunst ein bunter Regenbogen. Dies Farbenspiel wäre nicht ohne die Sonne, aber es ist nicht die Sonne selbst. Es ist ihr Abglanz in irdischen Dingen. (...) Und so ist der menschliche Geist nicht gemacht, das Göttliche unmittelbar zu erkennen, aber er ist auch nicht in Dunkel gebannt. Er erkennt es im Abglanz.* (ebd.) Die Symbolik (bunter Regenbogen etc.) ist für Goethe keine Glorifizierung. Seine dichterische Perspektive ist keine schmückende Zutat. Aber sie ist auch nicht eine defiziente Sprachform für etwas eigentlich ganz Anderes, völlig Verborgenes, Transzendentes. Wir „schauen" das Göttliche im Abglanz. Dieses Schauen reißt einschränkende Dimensionen auf (hier Beobachter, dort Berge, Wasserfall etc.) und entreißt sich einer Teilblindheit, ohne aber „das Göttliche" („pantheistisch") in die Gegebenheiten einzuschließen. Denn Goethes Naturbild hält an zwei Hauptgedanken fest, dem der Polarität und dem der Steigerung. *Als Gott die Welt schuf, wurde das, was in ihm Einheit ist, zur Zweiheit, zur Polarität. (...) Aber es gibt noch (...) ein anderes Kraftfeld.(...) Das ist die Steigerung. Ohne das Bewusstsein, dass es Steigerung gäbe, wäre unser Leben trüb und ohne seine beste Kraft.* (ebd., 175) Es hätte seinen anderen Pol verloren.

Das mit ›Zueignung‹ überschriebene Gedicht, welches an die o.g. Faust-Szene erinnert, gestaltet diese

Spannung – im doppelten Sinne des Polaren wie auch des Kraftfeldes, in einer regelrechten Häufung „dialektischen" Umschlagens. Ein Wanderer (die Ich-Person) beginnt auch hier am frühen Morgen eine Bergwanderung. Alles ist klar und *entzückend*. Etwas später und weiter oben ziehen Nebel aus dem Flusstal herauf:

Die Gegend deckte mir ein trüber Flor;
Bald sah ich mich von Wolken wie umgossen
Und mit mir selbst in Dämmerung eingeschlossen.

Dann dringt die Sonne durch.

Alles schien zu brennen und zu glühn.

Da erscheint vor seinen Augen *ein göttlich Weib* und spricht ihn als eine ihm längst Bekannte an, die ihm bereits *in manche Wunde des Lebens den reinsten Balsam goss* und *an die, zu ewgem Bunde, (sein) strebend Herz sich fest und fester schloss* – nach der er sich von Knabenzeit an *eifrig* gesehnt habe. Alle glauben an ihre Existenz, weiß der Wanderer,

Ein jedes Auge glaubt auf dich zu zielen,
Fast jedem Auge wird dein Strahl zur Pein.

Sie will (daher?) dem Menschen nur *wenig enthüllen, andernfalls* fühlte sich jeder als Übermensch und würde den Ansprüchen des konkreten Lebens und der Mitmenschen nicht gerecht (*die Pflicht des Mannes erfüllen; mit der Welt in Frieden leben;* seine Gaben *für andere* einsetzen und seine mitgegebenen Fähigkeiten *nicht vergraben*). Als das Ich unter dieser Vorhaltung ein schlechtes Gewissen bekommt, lächelt sie, zieht den Nebelschleier vollends fort,

Wie sie ihn fasste, ließ er sich ergreifen,
Er ließ sich ziehn, es war kein Nebel mehr.
Mein Auge konnt' im Tale wieder schweifen,
Gen Himmel blickt' ich, es war hell und hehr.
Nur sah ich sie den reinsten Schleier halten,
Er floss um sie und schwoll in tausend Falten.

Sie enthüllt sich als die *Wahrheit* und überreicht ihm also,

Der dies Geschenk mit stiller Seele nimmt:
Aus Morgenduft gewebt und Sonnenklarheit
Der Dichtung Schleier aus der Hand der Wahrheit.
(Goethe 1982(4), 149 ff.)

Öffnet sich der Mensch *mit stiller Seele* dem Geschenk der *Wahrheit*, freut er sich an deren *reinstem Schleier* in seinen fließenden *tausend Falten*, kann ihn die Erfahrung seiner konkreten Welt mit dem Leben aussöhnen.

Dann schweigt das Wehen banger Erdgefühle,
Zum Wolkenbette wandelt sich die Gruft,
Besänftiget wird jede Lebenswelle,
Der Tag wird lieblich, und die Nacht wird helle. (ebd.)

Dann lässt auch ein morgendlicher meteorologischer Befund nicht nur eine Wetterprognose für den Abend zu, sondern – aus der Sicht des uralten Goethe – nicht weniger als ein dankbares Einverständnis auch mit dem Kommenden, mit dem Endenden:

Früh, wenn Tal, Gebirg und Garten
Nebelschleiern sich enthüllen,
Und dem sehnlichsten Erwarten
Blumenkelche bunt sich füllen,

Wenn der Äther, Wolken tragend,
Mit dem klaren Tage streitet,
Und ein Ostwind, sie verjagend,
Blaue Sonnenbahn bereitet,

Dankst du dann, am Blick Dich weidend,
Reiner Brust der Großen, Holden,
Wird die Sonne, rötlich scheidend,
Rings den Horizont vergolden.
(Goethe 1982(4), 391)

Goethe ist wie Alexander von Humboldt passionierter Naturbeobachter und Forscher. Dieser aber interessiert sich – als Romanfigur bei Daniel Kehlmann – nur zwanghaft für eine möglichst vollständige ›Vermessung der Welt‹, für erdgeschichtliche, meteorologische, geographische, biologische u.a. Daten. Als er auf dem Rio Negro in einer bedrückenden Situation von seinen Expeditionsgenossen aufgefordert wird, *auch einmal etwas zu erzählen* (Kehlmann 2008, 127), gibt er zu, *Geschichten wisse er keine. (...) Auch möge er das Erzählen nicht. Aber er könne das schönste deutsche Gedicht vortragen.* (ebd., 128)

Über allen Gipfeln
Ist Ruh,
In allen Wipfeln
Spürest du
Kaum einen Hauch;
Die Vögelein schweigen im Walde.
Warte nur, balde
Ruhest du auch. (Goethe 1982(4), 142)

So aber trägt dies der fiktive Humboldt *nicht* vor. Er übersetzt ins Spanische:

Oberhalb aller Bergspitzen sei es still, in den Bäumen kein Wind zu fühlen, auch die Vögel seien ruhig, und bald werde man tot sein.
Alle sahen ihn an.
Fertig, sagte Humboldt. (...)
Und wenn er sich nicht irre, sagte Humboldt, habe jeder auf diesem Boot Arbeit genug!
(Kehlmann, a.a.O., 128)

Dieser Protagonist hat keineswegs ein Problem mit Fremdsprachen. Aber er ist ausschließlich fixiert auf Sachfeststellungen. Er freut sich nicht *mit stiller Seele* an dem *reinsten Schleier* der Wahrheit in seinen fließenden *tausend Falten*. In seiner besessen vermessenden Eindimensionalität wird ihm die Nacht nicht helle. Dass einem die Nacht helle würde, hieße doch wohl, dass man in seiner Welt unminderbar Schönes, „Wertes", Lebensgutes als wahr nehmen kann.

Der gestirnte Himmel über ihm und das moralische Gesetz in ihm haben den Vernunftkritiker Kant beschäftigt. Die Vernunft kann über klar Erkennbares hinausgehen zu „Postulaten" (z.B. Gottes oder der Unsterblichkeit). In Goethes Blick gibt es eine weitergehende, reale Entsprechung von Sternenhimmel oder Abenddämmerung und innerer Wahrnehmungsbereitschaft. Kraft solcher Korrespondenz wird man eben nicht „bald tot sein". Der Atem des *Warte nur, balde / Ruhest du auch* lässt sich als tief wohltuend lebendig erfahren.

Sixtina

Die vorliegende Reihe essayistischer Annäherungsversuche handelt davon, einen „Ewigkeits"-Wert des menschlichen Lebens von einem empirischen Zeitkonzept zu lösen, um ihn dadurch gedanklich und erlebnismäßig vollziehbar zu machen. Das heißt, Vorstellungen eines „Danach" (nach dem Tod) und eines ewigen „Weiter" werden versuchsweise ausgeblendet zugunsten einer „Tiefenbeleuchtung" dieses irdischen Menschenlebens. Diese metaphorische Formulierung möchte Assoziationen wecken sowohl einer Konzentration auf ein Inneres („Tieferes") als auch einer gleichsam fotografischen Tiefenschärfe. Dass man von einem Menschenleben mehr in den Blick bekommen könne als einen physischen Prozess in der vierdimensionalen RaumZeit, ist natürlich nur der Versuch eines anderen Ausdrucks für das irreduzibel Lebensstarke, Lebenseigene, das allgemein als Seele bezeichnet wird – ein Seinsstatus, der mehr bezeichnet als den der Dinge.

Kunstwerke – so kann man sagen – wollen Tiefe und Tiefenschärfe des Wahrnehmbaren erschließen. Handelt es sich dabei um Texte (z.B. Gedichte), so explizieren sie zunächst, sie „sprechen über" diese Tiefenschicht. Sie sagen z.B., dass das Sonnenlicht für einen Betrachter eine weitere, etwa lebensversöhnende Bedeutung hat. Aber im gelingenden Fall „zeigen" sie nicht nur „auf" dieses Gemeinte, sondern werden selbst kraft ihrer künstlerischen Gestalt erlebbares Element dieser Tiefe. Je intensiver der Rezipient sich darauf einlassen kann, desto mehr taucht er in dieses Element ein (so wie es auch dem Meditierenden ergehen kann). Der Gedichtleser sieht sich mit dem Leben versöhnt. Er erfährt etwas Wahres, Lebendiges, Wertes in sich, dem nichts etwas anhaben kann. – Das Musikerlebnis bietet diese Erfahrung für Viele noch unmittelbarer, entzieht sich aber auch noch stärker der begrifflichen Beschreibung.

Ich möchte abschließen mit einer persönlich gefärbten Begegnung als junger Mann mit einem Werk der bildenden Kunst.

Bekanntlich steht die stupende Wirkung von Michelangelos Werken oft in Zusammenhang mit seinem Bemühen, die natürlichen Dimensionen der Kunstgattung zu überschreiten. In Gemälden zeichnen sich seine Figuren durch suggestive Körperlichkeit aus. Sie scheinen voller Energie aus der Bildtiefe dem Betrachter entgegenzukommen, d.h. über die Fläche hinauszuwachsen. Entsprechendes gilt für seine Skulpturen: *Was er in vielen Figuren zu fassen versuchte, war Bewegung, gebannt in Stein, gefesselt an die Materie. Aus diesem Grund entwickelte er seine eigentümlich beredten Körperhaltungen, mit denen er einen notwendig unbewegten Körper in voller Bewegung zu zeigen vermochte.* (Forcellino 2006, 214)

Aufgrund solcher künstlerischer Technik liegt es nahe, sich an einem Michelangelo-Werk die Überschreitung der Wahrnehmungsschemata in Richtung einer offeneren Dimensionalität, in Richtung einer übergreifenden Lebendigkeit zu vergegenwärtigen.

Während meines ersten Rom-Besuchs habe ich an einem Silvestertag Michelangelos „Jüngstes Gericht" in der Sixtinischen Kapelle gesehen. Mein überwältigender, bis heute tief sitzender Eindruck war die unbeschreiblich bewegungsmächtig-präsente Christusfigur als Kraftzentrum eines Welten- und Zeitenwirbels. Das war damals meine Assoziation am Jahreswechsel.

Für mich trat Michelangelos Darstellung völlig hinaus über kirchliche Lehren vom Ende allen menschlichen Lebens auf dieser Welt, von einem Gericht über Gute und Böse, von ewiger Höllenstrafe, Fegefeuer und immerwährendem Himmelslohn. Ich fühlte mich eher angestoßen, gepackt, hineingezogen, fast schwindelnd in diesem Kraftfeld. Für mich war dies – emphatisch gesagt – die Erfahrung eines Darüber-Hinaus, eines Letzten, Tiefsten, Innersten als stürmischer Aktualität.

Michelangelo war schon viele Jahre vor dem „Jüngsten Gericht" beauftragt worden, die Decke der Sixtinischen Kapelle mit Szenen aus Bibel und Heiligenlegenden auszumalen. Doch bald wehrte er sich hartnäckig gegen eine gewöhnliche „erzählende" Darstellung. Seinen eigenen Worten zufolge hat ihn schließlich Papst Julius II. Rovere – nach den ersten, von ihm selbst als *ärmlich* abgelehnten Vorschlägen – *machen lassen, was er wolle.* (Kuhn 1975, VIII) Michelangelo verschiebt nun den Akzent auf das Geschehen, auf das Jetzt derer, die dort die Messe feiern. Zum Beispiel illustriert er nicht die einzelnen Werke der Schöpfung, sondern stellt deren Entstehung dar als *in die Tätigkeit des als wirkende Macht erfahrenen Gottes hineingezogen.* (ebd., 80) Die Kapelle selbst wird nicht zu einer Revue heilsgeschichtlicher Situationen, sondern sie wird *durch Michelangelos Decke als Ort des neuen Bundesschlusses erklärt* (ebd., 77), der eine existenzielle Antwort des Gläubigen voraussetzt und anspricht.

Das später entstandene „Jüngste Gericht" ist nicht enthoben in einer Kuppel dargestellt (was der Raum ja auch gar nicht angeboten hätte), sondern unmittelbar hinter dem Altar, im gleichen Blickfeld, in dem der Teilnehmer der Messe die vom Priester hoch gehobene Hostie und den Kelch sieht. Dabei werden die Worte gesprochen: *Dies ist der Kelch meines Blutes, des neuen und ewigen Bundes.* Eingedenk der Worte, die sich bei Paulus im 1. Korintherbrief finden: *Sooft ihr dieses Brot esset und den Kelch trinket, verkündet ihr den Tod des Herrn, bis er wiederkommt. (...) Wer isst und trinkt, der isst und trinkt sich das Gericht,* stellt also Michelangelo für den jetzt Anwesenden *den Einbruch der schon wirkenden Wirklichkeit des Gerichtes* dar. (ebd., 78)

Sein Schaffen steht nachweislich in untrennbarem Zusammenhang mit intensiven religiösen, philosophischen, existenziellen Überlegungen. An dieser Stelle kann also der Bezug auf einen Kernbestandteil christlicher Lehre und kirchlicher Liturgie helfen, den aufrührenden Gehalt seines „Jüngsten Gerichts" zu realisieren.

Nach einem traditionellen Verständnis ist das Jüngste Gericht ein künftiger endgültiger Schlusspunkt alles Irdischen, zugleich die Prozedur einer Einstufung aller je gelebt habenden Menschen je nach Glaube oder Unglaube, nach gutem oder schlechtem Handeln, und zugleich das Eintrittstor in eine Ewigkeit – in einen Status, der jenen Verdiensten bzw. diesen Voraussetzungen gerecht wird. Entsprechendes gilt übrigens auch für die schon zuvor Sterbenden, wenn sie im Augenblick des Todes vor ihren Richter treten und dem „Examen des Todes" unterzogen werden. – Mir scheint, Michelangelo hebt genau das *nicht* hervor.

Vielmehr lässt er die Christusgestalt unmittelbar, „hier sichtbar", „jetzt gerade" auf den Betrachter zukommen: körperlich, nackt, überfließend von Sieg und voller unaufhaltsamer mitreißender Bewegung, so dass ihr Ankommen zugleich ein Abheben, gleichsam ein Fliegen ist. Sie passt weder zu einer gesetzten Zukunftserzählung noch zum Paradigma religiöser oder moralischer Didaktik. Sie lässt ihr aktuelles Gewahrwerden das Entscheidende sein: Unser Leben hat mit etwas Entscheidendem zu tun, das verbindlich geglaubte Erkenntnisgrenzen unsagbar nichtig macht, wenn man sich ihm stellt. Insofern eröffnet es eine Art „Ewigkeits"blick – weit entfernt vom Parameter des Zeitstrahls.

Mit dieser anstiftenden Überlebendigkeit, wenn sonst auch auf völlig andere Art und Weise, kann man sich von Michelangelos „Jüngstem Gericht" ebenso in eine außerordentlich hiesige, jetzige, sinnlich unabweisbare

Ewigkeitsdimension hineingezogen sehen wie etwa vom ›Erwählten‹ von Thomas Mann. In diesem Roman wird das Wunder, dass der himmelschreiendste Sünder schließlich Papst geworden ist, auf physisch und psychisch wahrhaft überwältigende Weise sinnenfällig. Tagelang läuten, schlagen, bimmeln, dröhnen, klingeln, scheppern unaufhaltsam alle Glocken Roms. (Davon gibt es eine ohrenbetäubende Unzahl.) So wird bei Thomas Mann offenkundig, dass sogar die widerlichste, immer weiter geschraubte Schuldverknäuelung der Menschen gar nicht deren Einziges und Eigentliches ist. Nichts, auch nicht das Entsetzlichste, radikal Verfehlte des Menschendaseins besteht in ewiger Duration und Iteration. *Alles hat seine Grenzen. Die Welt ist endlich.* (Mann 1967, 259) Darin liegt die Erlösung – sofern nur dabei zugleich das Gewesene als gültiges Leben, als unauslöschlicher Eintrag ins „Buch des Lebens" erkannt wird. Dass der mehrfach blutschänderische, aber auch maßlos büßende Grigorius der Legende zufolge zuletzt in das höchste Amt der Christenheit versetzt wird, erhebt sein begrenztes Leben in eine „heilige" Sphäre, d.h. in eine jedem Mangel, jeder Begrenzung überhobene, erfüllte Wirklichkeitsdimension – mit enervierender Eindringlichkeit, so erzählt das Thomas Mann.

Anhang: Thesaurus christlicher Glaubens- und Frömmigkeitsvorstellungen

Das Nachdenken über das „Ewige" des Menschen ist religiös, in meinem Kulturkreis christlich geprägt. Die hier vorgetragenen Vorstellungen sind indes keineswegs passgenau zur christlichen Lehre, auch wenn sich diese weiter in der Diskussion befindet und nicht homogen ist.

Mir scheint dennoch, dass typische Konzepte des Christentums und wertvolle Ausdrucksformen christlicher Frömmigkeit sehr wohl zusammengesehen werden können mit der hier ausgeführten Lesart des „Ewigen". Nach Stichworten skizziere ich im Folgenden einige Adaptionsversuche. „Thesaurus", wenn man darunter eine vollständige oder eine systematisch angeordnete Auflistung aller einschlägigen Begriffe verstünde, wäre eine sehr selbstironische Bezeichnung. Ich meine damit hier eher – im ursprünglichen Wortsinn – einen Schatz, ein Schatzhaus, einen guten Vorrat.

Ich stelle einige wenige Kernbegriffe voran – selbstverständlich ohne damit auch nur ansatzweise die unerschöpfliche theologische Diskussion aufzeigen oder gar entscheiden zu wollen. Nach meinem laienhaften Verständnis könnten immerhin einige alte theologische Fronten fallen. Ob etwa die „Erlösung" des Menschen nur durch göttliche „Gnade" oder auch aufgrund menschlicher „Werke" geschieht, oder ob in der liturgischen Abendmahlsfeier das Brot Christi Leib „ist" oder an ihn „erinnert", das sind vielleicht nicht die verständigsten Fragen (bzw. dogmatischen Formulierungen), wenn man tatsächlich annehmen will, dass unsere „diesseitige" Lebenswirklichkeit gesättigt ist und eingebettet ist in eine größere Fülle und Tiefe.

Vor allem erwähne und kommentiere ich dann aber einige religiöse Motive und Texte von einer Suggestionskraft, die dem Menschen viel mehr als durch kodifizierte Glaubenssätze ein plattes, leeres „Diesseits" wirklich zu überschreiten hilft. Oft bringen sie – z.B. aufgrund lebensgeschichtlichen oder künstlerischen Kontextes – mit ihren vertrauten oder neuen Untertönen die Seele besonders zur Schwingung. – Es handelt sich hier um eine ganz subjektive, fragmenthafte, allenfalls exemplarische Zusammenstellung.

Glaube: im Kern der lebenslange Akt der Auseinandersetzung mit einem Sein, das sich nicht im blinden physischen Vegetieren erschöpft

Gott: Chiffre für die Letztinstanz einer Wirklichkeit, mit der sich der Glaube konfrontiert (für uns nur als Person, Vater, Bruder, Freund, Herrscher, zärtlich/eifersüchtig/selbstlos Liebender, Richter, Rächer, Erbarmer, Retter, Helfer, Tröster etc. ansprechbar, also mit Ausdrücken für ein Gegenüber und eine wechselseitige Beziehung)

Erlösung: das Geschehen, durch das Glaube menschlich vollziehbar, zustimmbar und befreiend wird (entsprechend: Offenbarung, Jesus Christus, Nähe des Reiches Gottes u.a.m.); nicht Zahlung zur Auslösung einer Urschuld („Christi Kreuzestod für unsere Sünden"), sondern Eröffnung einer größeren, stärkeren, umfassenderen Wertigkeit, auch gegenüber allem Vernichtendem, allem Leid und und allem Unrecht („Auferstehung des Gekreuzigten")

Kirche: geschichtliche Vermittlungsinstitution eines erlösenden Glaubens

Sakrament: sinnenhafte Gegenwärtigung des Glaubensgehalts; Sakramentalität: Wesen der menschlichen Lebenswirklichkeit (in verschiedenen besonderen Formen kirchlich vermittelt)

Beten, Gottesdienst: sich in den Horizont der Erlösung stellen

Abraham: Was von ihm erzählt wird, ist im Wesentlichen der Aufbruch, nicht der verheißene Endzustand (Land, Nachkommen). Im Loslassen, in der Neu-Ausrichtung liegt das Intensive seiner Existenz, also das, was ihn eigentlich ausmacht.

Advent: Gottes Kommen *ist* das Sein (nämlich in seiner Eigenart als Beziehung, als Aufeinander-zu); das ist das Einzige, das Ewige und zugleich das Innere der Zeit.

Baum (z.B. Stammbaum Jesu, Kreuzesstamm): Symbol für den soliden Zusammenhang von „irdischer" Verwurzelung und Ausrichtung „nach oben"; Erde, Luft und Licht sind gleichermaßen sein Element.

Credo in unum Deum (an Gott glauben): nicht im Sinne von „einen Sachverhalt als objektivierbar gegeben annehmen" („etwas" glauben), sondern: „sich ausrichten auf", „vertrauen auf" (glauben „an")

Dies irae („Tag des Zorns"): Mit diesen Worten beginnt eine mittelalterliche Sequenz, die durch viele wirkungsvolle Vertonungen bekannt geworden ist und lange ihren Platz in der Totenmesse hatte. Sie zeichnet das traditionell gewordene Bild vom „Jüngsten Gericht" beim „Weltuntergang", das man auch auf die Todesstunde des Einzelnen beziehen kann. Beides wird als Angst erregende Szene gedacht, in der Gott als allwissender Richter nach Maßgabe des vorangegangenen Lebenswandels das endgültige Urteil über den schuldigen Menschen fällt. Dessen Strafwürdigkeit und Abhängigkeit von Gnade und Vergebung wird in vielen dramatischen Formulierungen beschworen, damit zugleich sein bis zur Paralyse gehendes Erschauern. – Auch bei aller interpretatorischen Kreativität kann man das „Dies irae" nicht einfach gegen den Strich lesen. Weitgehend bedarf es aber erstaunlich geringer Mühe, einen möglichen Subtext dazu zu finden, der nicht primär die beklemmende „pädagogische" Warnung an die Lebenden akzentuiert. Demzufolge wird das tief Beängstigende, Aufwühlende des sicheren Todes keineswegs aufgehoben. Vor ihm zittert man wie vor einem unnachgiebigen Herrn. Denn der Mensch kann sich schlechterdings nicht vorstellen, nicht mehr zu sein, und zwar als er selbst, und der schwarze, inhaltslose Gedanke daran lässt ihn rückhaltlos erschrecken. Die Perspektive kann ja nur die des Lebenden sein. Es gibt also einen „Tag", es gibt ein aus dem Blickwinkel der Zeitlichkeit ansprechbares Geschehen oder eine Dynamik, welche der Zeit (als Lebenszeit, als geschichtlicher Zeit) ihren Charakter nimmt und „in glühende Asche auflöst". Das Zeitliche ist dann und insofern nichts Anderes mehr als pure „Glut" (als Inbegriff höchster Seinskonzentration und -intensität). Die Weisen („David, Sibylla") haben immer prophetisch darauf hingedeutet. Das damit eröffnete Kraftfeld ist das einer alles erfassenden Zuwendung, in der mittelalterlichen Sprache: Gott kommt als Richter auf den Menschen zu – auf eine Weise, die diesem in völliger Klarheit gerecht wird und seiner Existenz bis ins Letzte entspricht („quidquid latet apparebit"). „Mors et natura", Sterblichkeit und mit dem „Natürlichen" verbundene Defizienz wirken sich auf dieser Ebene nicht mindernd aus. Insofern ersteht die Kreatur auf („resurget creatura"). Dass sie durchdrungen ist von dem Geschehen der Zuwendung, dass sie sich aber vor Gottes „Kommen" gleichsam verliert, insoweit sie diesem („noch") nicht offen ist, drückt sich darin aus, dass sie zittert, weint und auf die Knie fällt.

„Durch dein Gefängnis, Gottes Sohn, ist uns die Freiheit kommen. Dein Kerker ist der Gnadenthron, die Freiheit aller Frommen. Denn gingst du nicht die Knechtschaft ein, müsst' unsre Knechtschaft ewig sein." (Choralvers aus Bachs Johannespassion): Die Anteilnahme des Hörers an der Christusgeschichte macht nachvollziehbar, dass Leben sich nicht in und durch physische Limitierung verausgabt. Sie lenkt den Blick auf ein unfassbar Großes; sie öffnet gleichsam eine innere Freistelle für dieses Große im Hörer, wodurch ihm „Freiheit kommen" kann.

Fürchte dich nicht, denn ich habe dich erlöst. Ich habe dich bei deinem Namen gerufen. Du bist mein. (Jes 43.1): Für den, der sich darauf einlassen kann, ein wunderbares Angebot, sich in der Tiefendimension seiner Wirklichkeit stimmig und geborgen zu wissen

Geschichten in der Bibel, auch Jesu Erzählungen: werden auf einen heilsgeschichtlichen Sinn hin ausgelegt, d.h., sie gehen „über sich hinaus". Aussprechbare Glaubenswahrheiten liegen aber nur in diesen Geschichten vor. Auch wenn man diese „Wahrheiten" für das Eigentliche, Wichtige hält, gibt es sie nicht ohne oder außer den Geschichten; so wie es Transzendenz des Menschen nicht ohne sein leibliches Leben gibt. Im Wesentlichen ist diese kategoriale Unterscheidung eine „illusorische Topographie" (Gabriel Marcel).

„Gloria in excelsis Deo et in terra pax hominibus bonae voluntatis" (Ehre sei Gott in der Höhe und Friede auf Erden den Menschen guten Willens: nach dem biblischen Bericht Teil des Messordinariums; Vorlage ergreifender Vertonungen, z.B. in Bachs h-moll-Messe): *gloria* wurde von Heinrich Schlier paraphrasiert als *Glanz der Macht und Macht des Glanzes*; Ausstrahlen der *Überlebendigkeit* Gottes (nach der Formulierung Thomas Manns); Jubel über das aus dem Notorisch-

Irdischen Herausragende, dessen Inbegriff „Gott" ist. Im Gewahrwerden, in der inneren Zulassung dessen, in der Ausrichtung darauf liegt Befriedung für Menschen „auf Erden".

Himmel: keine individuelle Positionierung, sondern überzeitlicher Glanz des Lebendigen; *Lohn im Himmel (bzw. Höllenstrafe) für die individuelle Lebensführung:* bestenfalls eine fragwürdige Hilfsvorstellung, um die Wertigkeit allen Handelns zu betonen; jedoch mit Konnotationen einer spitz gerechneten Bezahlung, in der sich das Ich abbilden möchte; starker Zusammenhang mit Geld- und Warendenken.

Der **Isenheimer Altar** aus dem Antoniterspital für Aussätzige zeigt den Gekreuzigten fast anstößig schmerzhaft als ebensolchen Kranken; Krankheit und Erbärmlichkeit werden hier nicht in etwas Anderes eingetauscht (gottgewollter Leidensweg) und durch etwas Anderes wettgemacht (Leben nach dem Tod), sondern *als solche* unendlich gewürdigt. Denn die andere Wahrheit des Leidenden – durch die Klapp-Mechanik des Altarbildes unmissverständlich: „die andere Seite" – ist seine über alle Grenzen lichtvolle Erhabenheit, die im Auferstandenen zum Ausdruck kommt.

Magnificat: Erfahrung einer Lebensdimension, in der die gängigen Wertungen beglückend revidiert sind (Niedrigkeit › Größe, Benachteiligung › Glück, Armut › Reichtum, Ohnmacht › Macht etc.):
„Hoch erhebt meine Seele den Herrn; in Gott, meinem Heiland, jubelt mein Geist.
Er hat in Gnaden geschaut auf seine niedrige Magd; siehe, von nun an nennen mich selig alle Geschlechter.
(...)
Macht hat er geübt mit seinem Arm und zerstreut, die stolzen Herzens sind.

Herrscher hat er vom Thron gestürzt, Niedrige aber erhoben.
Hungernde hat er mit Gütern erfüllt, Reiche gehen lassen mit leeren Händen. (...)"

Nun aber bleiben Glaube, Hoffnung, Liebe, *diese drei; aber die Liebe ist die größte unter ihnen.*
(1 Kor 13): Das Gute „dieser drei" wird in schlechterdings gar keiner Weise überboten durch die Trias Haben, Haben und Haben, und sei es auch das Haben des „ewiges Lebens". Verzehrende Liebe erfüllt sich nicht in Sättigung, sondern im Sich-Verzehren.

O magnum mysterium „... et admirabile sacramentum, ut animalia viderent Dominum natum iacentem in praesepio. Beata virgo, cujus viscera meruerunt portare Dominum Jesum Christum. Alleluia" (weihnachtliches Responsorium, bezieht sich auf die häufig abgebildete Krippenszene mit „Ochs und Esel" in der Tradition eines apokryphen Evangeliums): Besonders sinnfällige, gemütvolle und zugleich abgründig-tiefsinnige Formulierung dessen, was eigentlich auch mit uns ist und was das Christentum zu sehen helfen will: das unaussprechliche In-Eins von Natürlichem (Viehkrippe, Mutterleib) und unendlich Großem (Mysterium, „der Herr"). Unsere Vorstellung versagt angesichts dieses Kindes, durch das und mit dem und in dem Gottes All-Größe sein soll. In dem Responsorium wird der Meditierende gleichsam von dieser Überforderung entlastet, da es ja die Tiere sind, die mit Tiersinnen „den Herrn" in der Krippe liegen sehen.

Psalm 18: Jubelnde Wahrnehmung der Erfülltheit alles Räumlichen und Zeitlichen von göttlicher Größe und Pracht:
„Die Himmel erzählen die Herrlichkeit Gottes, vom Werk seiner Hände kündet das Firmament.

Ein Tag jubelt's dem anderen zu und eine Nacht übergibt der anderen die Kunde.
Nicht ist ein Wort noch sind es Reden, von denen der Laut nicht vernehmlich wäre.
Ihr Schall eilt über die ganze Erde, und bis zu den Enden des Erdenrunds geht, was sie sagen. (...)"

Seligpreisungen (*"Bergpredigt"*): „Selig" ist nicht eine spätere Befindlichkeit, die man sich durch seine innere Einstellung und sein Verhalten verdient, sondern diese Einstellung und dieses Verhalten bedeuten *in sich* die „Nähe des Reiches Gottes".

Tradition der Altarbilder (mit Darstellungen von Christi Geburt, Kreuzigung, Auferstehung): Der Altar, auf dem in der Messe aktuell die Verwandlung von Brot und Wein in Christi Fleisch und Blut begangen wird, wurde als Mittelpunkt des christlichen Lebens angesehen; die „Transsubstantiation" als Paradigma auch für das Menschenleben.

Unruhig ist mein Herz, bis es ruhet in Dir. (Augustinus): Das Unruhig-gewesen-sein, das Gesucht-haben, das Ausgerichtetsein des Menschen ist das Bleibende, Stimmige, Befreite.

Vorüber! Ach, vorüber! Geh, wilder Knochenmann! (Matthias Claudius): In dem Gedicht erschrickt ein junges Mädchen zutiefst vor seinem Tod. Dieser antwortet: „Gib deine Hand, du schön und zart Gebild! Bin Freund, und komme nicht, zu strafen. Sei gutes Muts! ich bin nicht wild, sollst sanft in meinen Armen schlafen!": Zu sterben bedeutet für den Menschen nicht die Verstümmelung seines Lebens, schon gar nicht die Abwertung des Gelebten und Getanen („Strafe"), sondern ein wohligstes, gleichsam mütterliches Aufgehobensein.

Die letzte Pietá-Skulptur von Michelangelo (Pietá Rondanini) kann dem Betrachter befremdend vorkommen in ihrer formauflösenden, rohen Hinfälligkeit. Zugleich wirkt sie jung und tröstlich, wenn man das Wieder-Eins-Werden des Sohnes mit seiner Hervorbringerin, mit dem Mütterlichen, mit dem Körperlichen darin wahrnehmen kann.

Die Redeweisen „in Frieden ruhen" und „ewige Ruhe" meinen nicht Konservierung zu unbegrenzter Haltbarkeit. Sie entsprechen einer Ausrichtung auf eine Lebensruhe mit Wärme und Herzschlag, ganz „bei sich" und gut „aufgehoben".

Literatur

Adorno, T.W. (1975) Minima moralia. Frankfurt/M.
Beckett, S. (1974) Endspiel. Übers. v. Elmar Tophoven. Frankfurt/M.
Beckett, S. (1981) Warten auf Godot. Übers. v. Elmar Tophoven. Frankfurt/M.
Beckett, S. (2005) Der Namenlose. In: B., Drei Romane. Übers. v. Elmar Tophoven. Frankfurt/M.
Aristoteles (1968) Politik. Reinbek
Aristoteles (1964) Über die Seele. Zit. nach: Vorländer, K., Philosophie des Altertums. Reinbek
Benjamin, W. (1972) Ursprung des deutschen Trauerspiels. Frankfurt/M.
Camus, A. (1972) Der glückliche Tod. Übers.. v. Eva Rechel-Mertens. Reinbek
Carofiglio, G. (2013) In der Brandung. Übers. v. Viktoria von Schirach. München
Carossa, H. (1985) Begräbnistag. In: Maigler, P., Besuch bei den Toten. Frankfurt/M.
Chown, M. (2005) Warum Gott doch würfelt. München
Dostojewski, F.M. (1977) Die Dämonen. Übers. v. Marianne Kegel. München
Dostojewski, F.M. (o.J.) Erzählungen. Übers. v. Fritz Bennewitz et al. München – darin:
 – Bobok
 – Die Sanfte
 – Traum eines lächerlichen Menschen
 – Aufzeichnungen aus einem Kellerloch
Drewermann, E. (2013) Liebe, Leid und Tod – Daseinsdeutung in antiken Mythen. Ostfildern
Eco, U. (1989) Erkenntnistheorie und Semiotik, In: U.E., Im Labyrinth der Vernunft. Übers. v. Michael Franz. Leipzig
Forcellino, A. (2006) Michelangelo. Übers. v. Petra Kaiser. München

Frisch, M. (1976) Tagebuch 1946 – 1949. Frankfurt/M.
Frisch, M. (1977) Homo faber. Frankfurt/M.
Frisch, M. (1981) Mein Name sei Gantenbein. Frankfurt/M.
Frisch, M. (1995) Triptychon. In: M.F., Sämtliche Stücke. Frankfurt/M.
Goethe, J.W. (1982 (1)) Italienische Reise, In: J.W.G., Werke Bd.11. München
Goethe, J.W. (1982 (2)) Gedichte und Epen II, In: J.W.G., Werke Bd. 2. München
Goethe, J.W. (1982 (3)) Faust, in: J.W.G., Werke Bd.3. München
Goethe, J.W. (1982 (4)) Gedichte und Epen I, In: J.W.G., Werke Bd. 1. München
Gryphius, A. (1963) An die Welt. In: A.G., Werke Bd. 1. Tübingen
Gryphius, A. (1975) Es ist alles eitel. Zit. nach: Best, O.F./Schmitt, H-J. (Hg.). Die deutsche Literatur in Text und Darstellung – Barock. Stuttgart
Hegel, G.W.F (1989) Philosophie der Geschichte. Zit. nach: Honnefelder, G.: Was also ist die Zeit? Frankfurt/M.
Heine, H. (1984) In: Frühwald, W. (Hg.), Gedichte der Romantik. Stuttgart
Heisenberg, W. (2000) Physik und Philosophie. Stuttgart
Herder, J.G. (2017) gutenberg.spiegel.de/buch/johann-gottfried-herder-gedichte-2016/10
Hofmannsthal, H.v. (1979) Der Tor und der Tod. In: H.v.H, Gedichte – Dramen I. Frankfurt/M.
Holthusen, H.E. (1958) Rilke. Reinbek
Homer (1966) Odyssee. Stuttgart
Jung, C.G. (1984) Der Mensch und seine Symbole. Freiburg
Kehlmann, D. (2008) Die Vermessung der Welt. Reinbek
Kleist, H.v. (1977) Geschichte meiner Seele. Frankfurt/M.

Kleist, H.v. (2001) Amphytrion. In: H.v.K, Sämtliche Werke und Briefe. München

Kleist, H.v. (o.J.) Das Käthchen von Heilbronn. In: H.v.K., Sämtliche Werke. München

Krausser, H. (2014) Melodien. Köln

Kuhn, R. (1975) Michelangelo – Die Sixtinische Decke. Berlin

Lessing, G.E. (1967 (1)) Wie die Alten den Tod gebildet. In: Lessings Werke, Bd. 2. Frankfurt/M.

Lessing, G.E. (1967 (2)) Nathan der Weise, ebd. Bd. 1

Lessing, G.E. (1967 (3)) Eine Duplik, ebd. Bd. 3

Luther, M. (2012), Zit. nach: Cave, Unsterblich. Frankfurt/M.

Mann, T. (1953) Lob der Vergänglichkeit. In: T.M., Altes und Neues. Frankfurt/M.

Mann, T. (1966) Joseph und seine Brüder. Berlin

Mann, T. (1967) Der Erwählte. Berlin

Mann, T. (1974(1)) Der Zauberberg. Berlin

Mann, T. (1974(2)) Felix Krull. Frankfurt/M.

Mann, T. (1975(1)) Die Betrogene. In: T.M., Die Erzählungen, Bd. 2. Frankfurt/M.

Mann, T. (1975(2)) Der Knabe Henoch. In: T.M., Die Erzählungen, Bd. 2. Frankfurt/M.

Mann, T. (1976) Die Kunst des Romans. In: T.M., Altes und Neues. Frankfurt/M.

Mann, T. (1989) Buddenbrooks. Frankfurt/M.

Noteboom, C. (2005) Paradies verloren. Übers. v. Helga von Beunigen, Frankfurt/M.

Novalis (1984), In: Frühwald, W. (Hg.), Gedichte der Romantik. Stuttgart

Novalis (1799-1800) Aphorismen. In: Fragmente und Studien 1799-1800. gutenberg.spiegel.de/buch/Aphorismen-5232-6

Pindar (1986) Oden. Griechisch/Deutsch. Übers. und hrsg. v. Eugen Dönt. Stuttgart

Platon (1968) Sämtliche Werke Bd.2. Reinbek

Proust, M. (1979) Auf der Suche nach der verlorenen Zeit, Bd.1. Übers. v. Eva Rechel-Mertens. Frankfurt/M.

Rilke, R.M. (1982) Die Aufzeichnungen des Malte Laurids Brigge. Frankfurt/M.
Rilke, R.M. (2006) Die Gedichte. Frankfurt/M.
Sartre, J.P. (1983) Die Kindheit eines Chefs. In: J.P., Gesammelte Erzählungen. Übers. v. Uli Aumüller. Reinbek
Schleiermacher, F.D.E., Reden, Zit. nach: Czakó, I. (2015) Geist und Unsterblichkeit. Berlin
Schopenhauer, A. (1987) Zur Lehre von der Unzerstörbarkeit unseres wahren Wesens durch den Tod. Zit. nach: Koch, W., Vom Tod. Frankfurt/M.
Silesius, A. (1984) Cherubinischer Wandersmann. Stuttgart
Tolstoi, L.N. (o.J.) Auferstehung. Übers. v. August Scholz. München
Trunz, E. (1994) Das Vergängliche als Gleichnis. In: E.T., Ein Tag in Goethes Leben. München
Turgenjew, I. (2008) Väter und Söhne. Übers. v. Annelore Nitschke. Düsseldorf
Valery, P. (1973) Eupalinos. Übers. v. Rainer Maria Rilke. Frankfurt/M.
Volo, F. (2013) Zeit für mich und Zeit für dich. Übers. v. Peter Kloss. Zürich
Walser, M. (2013) Meßmers Momente. Reinbek
Wellershoff, D. (2009) Der Himmel kein Ort. Köln
Wilde, O. (2012) Der glückliche Prinz. In: O.W., Erzählungen und Aphorismen. Übers. v. Alice Seiffert (e-book-edition). Hamburg
Zeilinger, A. (2003) Einsteins Schleier – Die neue Welt der Teilchenphysik. München

Sascha Heße

**Dass die Strömung
uns nicht forttrage ...**

Gedanken über
Vergängnis und
Schöpfertum

ISBN 978-3-938880-85-2

Broschur, 116 Seiten
12,00 EUR [D] /
12,40 EUR [A] /
14,00 CHF UVP

parodos.de

Die Reflexionen und Aphorismen von Sascha Heße präsentieren im besten Sinne freies philosophisches Denken ohne Netz und doppelten Boden. Dabei entfaltet Heße einen äußerst vielfältigen Blick auf die conditio humana. Die großen Themen wie Vergänglichkeit, Tod, Unsterblichkeit, Liebe, Freundschaft oder Religion werden in luziden Gedanken reflektiert und seziert. Besonderes Augenmerk legt Heße auf den schöpferischen Menschen, der sich z.B. als Schriftsteller, Komponist oder bildender Künstler dem Strom der Zeit und seiner eigenen Vergänglichkeit entgegenstemmt und zur Besessenheit und Hybris verdammt scheint, um etwas Besonderes zu schaffen. Wie nebenher entwickelt Heße dabei eine eigene ästhetische Theorie, welche die Subjektivität des Künstlers, Autors oder Komponisten wieder in ihr Recht setzt, ohne die ein herausragendes, die Zeit überdauerndes Werk nicht zu haben ist.